Gottfried Benn
Gedichte

Gottfried

BENN

Einsamer nie –

Verlag Volk und Welt
Berlin

Herausgegeben und mit einem Nachwort versehen
von Joachim Schreck
Illustration auf Seite 4 von Egmont Schaefer

ISBN 3-353-00486-6
2. Auflage
Lizenzausgabe des Verlages Volk und Welt, Berlin 1989
für die Deutsche Demokratische Republik
L. N. 302, 410/185/89
Die Gedichte wurden dem dritten Band der Gesammelten Werke, herausgegeben von
Dieter Wellershoff, entnommen, erschienen bei der Verlagsgemeinschaft
Ernst Klett – J. G. Cotta'sche Buchhandlung Nachfolger GmbH, Stuttgart
Die „Statischen Gedichte" wurden mit Genehmigung des Arche Verlag AG,
Raabe und Vitali, Zürich, übernommen; © 1948, 1983
Printed in the German Democratic Republic

Einbandentwurf: Horst Hussel/Lothar Reher
Gesamtherstellung: INTERDRUCK Graphischer Großbetrieb Leipzig,
Betrieb der ausgezeichneten Qualitätsarbeit, III/18/97
LSV 7305
Bestell-Nr. 648 182 3
00580

Einsamer nie –

Einsamer nie als im August:
Erfüllungsstunde, – im Gelände
die roten und die goldenen Brände,
doch wo ist deiner Gärten Lust?

Die Seen hell, die Himmel weich,
die Äcker rein und glänzen leise,
doch wo sind Sieg und Siegsbeweise
aus dem von dir vertretenen Reich?

Wo alles sich durch Glück beweist
und tauscht den Blick und tauscht die Ringe
im Weingeruch, im Rausch der Dinge, –:
dienst du dem Gegenglück, dem Geist. (1936).

Gottfried Benn.

Herrn Oberpfarrer Karl Pose.

5/XII 1940

Kleine Aster

Ein ersoffener Bierfahrer wurde auf den Tisch gestemmt.
Irgendeiner hatte ihm eine dunkelhellila Aster
zwischen die Zähne geklemmt.
Als ich von der Brust aus
unter der Haut
mit einem langen Messer
Zunge und Gaumen herausschnitt,
muß ich sie angestoßen haben, denn sie glitt
in das nebenliegende Gehirn.
Ich packte sie ihm in die Brusthöhle
zwischen die Holzwolle,
als man zunähte.
Trinke dich satt in deiner Vase!
Ruhe sanft,
kleine Aster!

Schöne Jugend

Der Mund eines Mädchens, das lange im Schilf gelegen hatte,
sah so angeknabbert aus.
Als man die Brust aufbrach, war die Speiseröhre so löcherig.
Schließlich in einer Laube unter dem Zwerchfell
fand man ein Nest von jungen Ratten.
Ein kleines Schwesterchen lag tot.
Die andern lebten von Leber und Niere,
tranken das kalte Blut und hatten
hier eine schöne Jugend verlebt.
Und schön und schnell kam auch ihr Tod:
Man warf sie allesamt ins Wasser.
Ach, wie die kleinen Schnauzen quietschten!

Kreislauf

Der einsame Backzahn einer Dirne,
die unbekannt verstorben war,
trug eine Goldplombe.
Die übrigen waren wie auf stille Verabredung
ausgegangen.
Den schlug der Leichendiener sich heraus,
versetzte ihn und ging für tanzen.
Denn, sagte er,
nur Erde solle zur Erde werden.

Der Arzt

I

Mir klebt die süße Leiblichkeit
wie ein Belag am Gaumensaum.
Was je an Saft und mürbem Fleisch
um Kalkknochen schlotterte,
dünstet mit Milch und Schweiß in meine Nase.
Ich weiß, wie Huren und Madonnen riechen
nach einem Gang und morgens beim Erwachen
und zu Gezeiten ihres Bluts –
und Herren kommen in mein Sprechzimmer,
denen ist das Geschlecht zugewachsen:
die Frau denkt, sie wird befruchtet
und aufgeworfen zu einem Gotteshügel;
aber der Mann ist vernarbt,
sein Gehirn wildert über einer Nebelsteppe,
und lautlos fällt sein Samen ein.
Ich lebe vor dem Leib: und in der Mitte
klebt überall die Scham. Dahin wittert
der Schädel auch. Ich ahne: einst
werden die Spalte und der Stoß
zum Himmel klaffen von der Stirn.

II

Die Krone der Schöpfung, das Schwein, der Mensch –:
geht doch mit anderen Tieren um!
Mit siebzehn Jahren Filzläuse,
zwischen üblen Schnauzen hin und her,
Darmkrankheiten und Alimente,
Weiber und Infusorien,
mit vierzig fängt die Blase an zu laufen –:
meint ihr, um solch Geknolle wuchs die Erde
von Sonne bis zum Mond –? Was kläfft ihr denn?
Ihr sprecht von Seele – Was ist eure Seele?
Verkackt die Greisin Nacht für Nacht ihr Bett –
schmiert sich der Greis die mürben Schenkel zu,
und ihr reicht Fraß, es in den Darm zu lümmeln,
meint ihr, die Sterne samten ab vor Glück …?
Äh! – Aus erkaltendem Gedärm
spie Erde wie aus anderen Löchern Feuer,
eine Schnauze Blut empor –:
das torkelt
den Abwärtsbogen
selbstgefällig in den Schatten.

III

Mit Pickeln in der Haut und faulen Zähnen
paart sich das in ein Bett und drängt zusammen
und säet Samen in des Fleisches Furchen
und fühlt sich Gott bei Göttin. Und die Frucht –:
das wird sehr häufig schon verquiemt geboren:
mit Beuteln auf dem Rücken, Rachenspalten,
schieläugig, hodenlos, in breite Brüche
entschlüpft die Därme –; aber selbst was heil
endlich ans Licht quillt, ist nicht eben viel,
und durch die Löcher tropft die Erde:
Spaziergang –: Föten, Gattungspack –:
ergangen wird sich. Hingesetzt.
Finger wird berochen.
Rosine aus dem Zahn geholt.
Die Goldfischchen – !!! – !
Erhebung! Aufstieg! Weserlied!
Das Allgemeine wird gestreift. Gott
als Käseglocke auf die Scham gestülpt –:
der gute Hirte – !! – – Allgemeingefühl! –
Und abends springt der Bock die Zibbe an.

Mann und Frau gehn durch die Krebsbaracke

Der Mann:
Hier diese Reihe sind zerfallene Schöße
und diese Reihe ist zerfallene Brust.
Bett stinkt bei Bett. Die Schwestern wechseln stündlich.

Komm, hebe ruhig diese Decke auf.
Sieh, dieser Klumpen Fett und faule Säfte,
das war einst irgendeinem Mann groß
und hieß auch Rausch und Heimat.

Komm, sieh auf diese Narbe an der Brust.
Fühlst du den Rosenkranz von weichen Knoten?
Fühl ruhig hin. Das Fleisch ist weich und schmerzt nicht.

Hier diese blutet wie aus dreißig Leibern.
Kein Mensch hat so viel Blut.
Hier dieser schnitt man
erst noch ein Kind aus dem verkrebsten Schoß.

Man läßt sie schlafen. Tag und Nacht. – Den Neuen
sagt man: hier schläft man sich gesund. – Nur sonntags
für den Besuch läßt man sie etwas wacher.

Nahrung wird wenig noch verzehrt. Die Rücken
sind wund. Du siehst die Fliegen. Manchmal
wäscht sie die Schwester. Wie man Bänke wäscht.

Hier schwillt der Acker schon um jedes Bett.
Fleisch ebnet sich zu Land. Glut gibt sich fort.
Saft schickt sich an zu rinnen. Erde ruft.

Saal der kreißenden Frauen

Die ärmsten Frauen von Berlin
– dreizehn Kinder in anderthalb Zimmern,
Huren, Gefangene, Ausgestoßene –
krümmen hier ihren Leib und wimmern.
Es wird nirgends so viel geschrien.
Es wird nirgends Schmerzen und Leid
so ganz und gar nicht wie hier beachtet,
weil hier eben immer was schreit.

„Pressen Sie, Frau! Verstehn Sie, ja?
Sie sind nicht zum Vergnügen da.
Ziehn Sie die Sache nicht in die Länge.
Kommt auch Kot bei dem Gedränge!
Sie sind nicht da, um auszuruhn.
Es kommt nicht selbst. Sie müssen was tun!"
Schließlich kommt es: bläulich und klein.
Urin und Stuhlgang salben es ein.

Aus elf Betten mit Tränen und Blut
grüßt es ein Wimmern als Salut.
Nur aus zwei Augen bricht ein Chor
von Jubilaten zum Himmel empor.

Durch dieses kleine fleischerne Stück
wird alles gehen: Jammer und Glück.
Und stirbt es dereinst in Röcheln und Qual,
liegen zwölf andere in diesem Saal.

Curettage

Nun liegt sie in derselben Pose,
wie sie empfing,
die Schenkel lose
im Eisenring.

Der Kopf verströmt und ohne Dauer,
als ob sie rief:
gib, gib, ich gurgle deine Schauer
bis in mein Tief.

Der Leib noch stark von wenig Äther
und wirft sich zu:
nach uns die Sintflut und das Später
nur du, nur du …

Die Wände fallen, Tisch und Stühle
sind alle voll von Wesen, krank
nach Blutung, lechzendem Gewühle
und einem nahen Untergang.

Nachtcafé

824: Der Frauen Liebe und Leben.
Das Cello trinkt rasch mal. Die Flöte
rülpst tief drei Takte lang: das schöne Abendbrot.
Die Trommel liest den Kriminalroman zu Ende.

Grüne Zähne, Pickel im Gesicht
winkt einer Lidrandentzündung.

Fett im Haar
spricht zu offenem Mund mit Rachenmandel
Glaube Liebe Hoffnung um den Hals.

Junger Kropf ist Sattelnase gut.
Er bezahlt für sie drei Biere.

Bartflechte kauft Nelken,
Doppelkinn zu erweichen.

B-moll: die 35. Sonate.
Zwei Augen brüllen auf:
Spritzt nicht das Blut von Chopin in Saal,
damit das Pack drauf rumlatscht!
Schluß! He, Gigi! –

Die Tür fließt hin: Ein Weib.
Wüste ausgedörrt. Kanaanitisch braun.
Keusch. Höhlenreich. Ein Duft kommt mit.
    Kaum Duft.
Es ist nur eine süße Vorwölbung der Luft
gegen mein Gehirn.

Eine Fettleibigkeit trippelt hinterher.

Notturno

Schlamme der grauenvollen Unterleib.
die fratzenhafte Spalte, die Behaarung.
den Rumpf, das Leibgesicht, das Afternahe.
das sich im Dunkel vorfühlt, über meinen:

Füllt euch bis an die Gurgeln!
Verfilzt das Röhricht!
Beißt euch an die Wurzeln!
Schon ist ein Wehen an den Schläfen.
Entquellungen und Sammlung oberhalb –

Schlachtet und klafft und brütet und verdickt euch:
Aufrauschung will geschehn: Mein Hirn! Oh! Ich! –

Flutet die Scham in Trümmer durch die Nacht –:
... Nun steht es dunkelblau
gewölbt von Stern und Licht. –

Blut-über. Schamstill. Irdisch abgenabelt.
In sich. Der Kreis. Der Einsame. Das Glück.
Halbgöttisch prüft die Hand die kühle
Sterntraube. Schmale helle Luft die Lippe
saugt sich ans Herz gedehnten Zuges. –

Geschlechtszersetzungen. Zerfall
der Artbedienung: Augen aufgetrunken.
Ohren zerrauscht, verwehend Lippe:
Hirnscheitelsonne. Schattenentsteigung:
Ich!? –

Ausgenackt, Hirn-anadyomene ...??
Man bläfft die Sterne an,
und von der Schulter schmilzt das Meer.
und die Koralle aus dem Haar
und von dem Knie der Fisch –
aber die rauhe Muschel am Gemächte ...??
Flutschändung! Schlammblut!

Und noch nicht schattenlos ...? Die kleinen Munde
der blauen Dunkel um den Fuß der Brust?
Und Mittagszeit ...? Und Nächtigung
im Mittagsauge ...? –

Und leiser Überfall ...? Und Uferschatten ...?
Zeltgiebel wieder ...? Rauchhemmungen
des Lichts ...? Ein Aasgestank nach Zunge ...?
Wo bist du, Nackter?!!
Schwinge!
Flügelrausche!!
Entfaltung!!!? –

Keine Antwort? Schweigen? Schielen nach der
Vorhaut?

Rückzug? Gutes altes Ludentum ...?
Zerrinnung? Wahnwort? Vögelhypothese ...??

In die Knie. Hund!
Bedunste dich!!
Rumpf. Leibgesicht. Afternahes.
über ihn! –

Alaska

Europa, dieser Nasenpopel
aus einer Konfirmandennase,
wir wollen nach Alaska gehn.

Der Meermensch, der Urwaldmensch,
der alles aus seinem Bauch gebiert,
der Robben frißt, der Bären totschlägt,
der den Weibern manchmal was reinstößt:
der Mann.

Der junge Hebbel

Ihr schnitzt und bildet: den gelenken Meißel
in einer feinen weichen Hand.
Ich schlage mit der Stirn am Marmorblock
die Form heraus,
meine Hände schaffen ums Brot.

Ich bin mir noch so fern.
Aber ich will Ich werden!
Ich trage einen tief im Blut,
der schreit nach seinen selbsterschaffenen
Götterhimmeln und Menschenerden.

Meine Mutter ist eine so arme Frau,
daß ihr lachen würdet, wenn ihr sie sähet,
wir wohnen in einer engen Bucht,
ausgebaut an des Dorfes Ende.
Meine Jugend ist mir wie ein Schorf:
eine Wunde darunter,
da sickert täglich Blut hervor.
Davon bin ich so entstellt.

Schlaf brauche ich keinen.
Essen nur so viel, daß ich nicht verrecke!
Unerbittlich ist der Kampf,
und die Welt starrt von Schwertspitzen.
Jede hungert nach meinem Herzen.
Jede muß ich, Waffenloser,
in meinem Blut zerschmelzen.

Wir gerieten in ein Mohnfeld,
überall schrien Ziegelsteine herum:
Baut uns mit in den Turm des Feuers
für alles, was vor Göttern kniet.

Zehn nackte, rote Heiden tanzten um den Bau und blökten
dem Tod ein Affenlied:
Du zerspritzt nur den Dreck deiner Pfütze
und trittst einen Wurmhügel nieder, wenn du uns zertrittst.
Wir sind und wollen nichts sein als Dreck.
Man hat uns belogen und betrogen
mit Gotteskindschaft, Sinn und Zweck
und dich der Sünde Sold genannt.
Uns bist du der lockende Regenbogen
über die Gipfel der Glücke gespannt.

Über Gräber

Das schuftete und backte nachts gebrochen
auf schlechtes Fleisch nach alter Bäckerart.
Schließlich zerbrach das Schwein ihm doch die Knochen.
Das Fett wird ranzig und hat ausgepaart.

Wir aber wehn. Ägäisch sind die Fluten.
O was in Lauben unseres Fleischs geschah!
Verwirrt im Haar, im Meer, die Brüste bluten
vor Tanz, vor Sommer, Strand und Ithaka.

Drohung

Aber wisse:
Ich lebe Tiertage. Ich bin eine Wasserstunde.
Das Abends schläfert mein Lid wie Wald und Himmel.
Meine Liebe weiß nur wenig Worte:
Es ist so schön an deinem Blut.

Mutter

Ich trage dich wie eine Wunde
auf meiner Stirn, die sich nicht schließt.
Sie schmerzt nicht immer. Und es fließt
das Herz sich nicht draus tot.
Nur manchmal plötzlich bin ich blind und spüre
Blut im Munde.

Gesänge

I

O daß wir unsere Ururahnen wären.
Ein Klümpchen Schleim in einem warmen Moor.
Leben und Tod, Befruchten und Gebären
glitte aus unseren stummen Säften vor.

Ein Algenblatt oder ein Dünenhügel,
vom Wind Geformtes und nach unten schwer.
Schon ein Libellenkopf, ein Möwenflügel
wäre zu weit und litte schon zu sehr.

II

Verächtlich sind die Liebenden, die Spötter,
alles Verzweifeln, Sehnsucht, und wer hofft.
Wir sind so schmerzliche durchseuchte Götter
und dennoch denken wir des Gottes oft.

Die weiche Bucht. Die dunklen Wälderträume.
Die Sterne, schneeballblütengroß und schwer.
Die Panther springen lautlos durch die Bäume.
Alles ist Ufer. Ewig ruft das Meer –

D-Zug

Braun wie Kognak. Braun wie Laub. Rotbraun. Malaiengelb.
D-Zug Berlin – Trelleborg und die Ostseebäder.

Fleisch, das nackt ging.
Bis in den Mund gebräunt vom Meer.
Reif gesenkt, zu griechischem Glück.
In Sichel-Sehnsucht: wie weit der Sommer ist!
Vorletzter Tag des neunten Monats schon!

Stoppel und letzte Mandel lechzt in uns.
Entfaltungen, das Blut, die Müdigkeiten,
die Georginennähe macht uns wirr.

Männerbraun stürzt sich auf Frauenbraun:

Eine Frau ist etwas für eine Nacht.
Und wenn es schön war, noch für die nächste!
Oh! Und dann wieder dies Bei-sich-selbst-Sein!
Diese Stummheiten! Dies Getriebenwerden!

Eine Frau ist etwas mit Geruch.
Unsägliches! Stirb hin! Resede.
Darin ist Süden, Hirt und Meer.
An jedem Abhang lehnt ein Glück.

Frauenhellbraun taumelt an Männerdunkelbraun:

Halte mich! Du, ich falle!
Ich bin im Nacken so müde.
Oh, dieser fiebernde süße
letzte Geruch aus den Gärten.

Untergrundbahn

Die weichen Schauer. Blütenfrühe. Wie
aus warmen Fellen kommt es aus den Wäldern.
Ein Rot schwärmt auf. Das große Blut steigt an.

Durch all den Frühling kommt die fremde Frau.
Der Strumpf am Spann ist da. Doch, wo er endet,
ist weit von mir. Ich schluchze auf der Schwelle:
laues Geblühe, fremde Feuchtigkeiten.

Oh, wie ihr Mund die laue Luft verpraßt!
Du Rosenhirn, Meer-Blut, du Götter-Zwielicht,
du Erdenbeet, wie strömen deine Hüften
so kühl den Gang hervor, in dem du gehst!

Dunkel: nun lebt es unter ihren Kleidern:
nur weißes Tier, gelöst und stummer Duft.

Ein armer Hirnhund, schwer mit Gott behangen.
Ich bin der Stirn so satt. Oh, ein Gerüste
von Blütenkolben löste sanft sie ab
und schwölle mit und schauerte und triefte.

So losgelöst. So müde. Ich will wandern.
Blutlos die Wege. Lieder aus den Gärten.
Schatten und Sintflut. Fernes Glück: ein Sterben
hin in des Meeres erlösend tiefes Blau.

Kurkonzert

Über Krüppel und Badeproleten,
Sonnenschirme, Schoßhunde, Boas,
über das Herbstmeer und das Grieg-Lied:
Ob Iris kommt?

Sie friert. Der kleine graue Stock in ihrer Hand
friert mit. Wird klein. Will tiefer in die Hand.

Du, Glockenblumen in den Schal gebunden,
das weiße Kreuz aus Scheitel und aus Zähnen
liegt, wenn du lachst, so süß in deinem Braun!

Du steiles, weißes Land! O Marmorlicht!
Du rauschst so an mein Blut. Du helle Bucht!

Die große Müdigkeit der Schulterblätter!
Die Zärtlichkeit des Rockes um ihr Knie!
Du rosa Staub! Du Ufer mit Libellen!
Du, von den Flächen einer Schale steigend.
Im Veilchenschurz. Von Brüsten laut umblüht.

O Herbst und Heimkehr über diesem Meer!
Die Gärten sinken um. Machtloser grauer Strand.
Kein Boot, kein Segel geht.
Wer nimmt mich winters auf?
Aus so viel Fernen zusammengeweht,
auf so viel Sternen neu geboren
bis vor dies Ufer: – Iris geht.

Fleisch

Leichen.
Eine legt die Hand ans Ohr:
Wat bibberste? Uff meinen heizbaren Sektionstisch?
Von wegen Fettschwund und biblisches Alter??
'ne Kinderleiche kriegste ins Gesicht!
Gichtknoten und ausgefranste Zähne
ziehn hier nicht!!
Bleib man ruhig aufs Eis liegen! –

Es entsteht Streit.
Eine Schwangere blökt. Der Mann schreit:
Weil dir jetzt der Nabel so weit nach vorne steht?
Weil ick dir mal die Ritze verkleistert habe??
Mensch, wat geht mir mein Geschlechtsorgan an!
Jeder macht seins.

Alle schreien: Sehr, sehr richtig!
Brecht aus! Beißt um euch! Peitscht die Weiber!
Das dicke Pack! Neun Monat lang
bemurkst es einen Zeitvertreiber,
den sich der Mann zum Frühstück sang.

Wer denkt an so verlorene Fernen?
Wer weiß noch Flasche, Glas und Rum?
Man war schon wieder in den Sternen,
wuchs sich entzwei, gebar sich um.

(stürzen an die Kellerfenster und schreien auf die Straße:)
Brecht aus und laßt die Krüppel mähen!
O strömt euch aus! O blüht euch leer!
Denkt: Ithaka: die Tempel wehen
Marmorschauer von Meer zu Meer.

Denkt uns: geknechtet und gekrochen,
Spürhund nach Gott und klein und krumm:
und nun die Demut aufgebrochen:
stinkt auch als saures Aas herum.

Ein Mann tritt auf:

Zerstößt das Grau des Himmels! Tretet den Norden ein!
Verkommt! Verludert! Wer wüßte eine Zukunft?
Sät nicht mehr in die Furchen, die es halten.
Verderbt den Samen! Bohrt euch selber Kuhlen!
Zeugt in euch selbst!

Wer wüßte eine Zukunft?
Das Gehirn ist ein Irrweg. Stein fühlt auch das Tier.
Stein ist. Doch was ist außer Stein? Worte! Geplärr!
(langt sich sein Gehirn herunter)
Ich speie auf mein Denkzentrum.
Worte haben wir hervorgehurt.
Mich ekelt die Blutschande.

Zerstoßt das Grau des Himmels! Tretet den Norden ein!
Verlöscht die Sonne, macht die Erde eckig:
ihr oder sie.

Einst war das Meer im Gang. Die Wiesen riefen.
Schlaf überhing wie Fell verblühtes Blut –
die Tiere haben uns an Gott verraten –
vernäht die Lider, saugt die Schädel aus,
rasiert am Hals herum … steckt Sträuße rein …
denkt am Gesäß … o Traum:
bunt, wild, tieferlöst
heimgekehrt an das Rückenmark –

(ein Mann klopft ihm auf die Schulter)

Aber Mensch, beruhigen Sie sich doch!
Hier, ziehn Sie sich Ihre Hausschuh an
und nun kommen Sie mit
zu meinem Bestattungskümmel.

Eine Kinderstimme:

Ach lieber, lieber Herr Leichendiener,
noch nicht in den dunklen Sarg!

Ach erst den alten Mann! Noch diesen Streifen Licht!
So gänzlich fort –
so nimmermehr.
Ach binden Sie mir die Augen zu.

Geschrei:

Du olle schofle Bürgerhausleiche,
lehn dir nich an meinen Sarkophag!
Jutet Kiefernholz tut et ooch,
und wennste eher reinkriechst als ick,
wer ick dir eenen Goldnagel
in't Koppende schlagen.

Ein Mann:

Kinder, laßt euch das nicht gefallen!
Mit uns wird Schindluder getrieben!
Wer hat mir zum Beispiel
das Gehirn in die Brusthöhle geworfen?
Soll ich damit atmen?
Soll da vielleicht der kleine Kreislauf durchgehen?
Alles, was recht ist! Das geht zu weit!

Ein anderer:

Na und ich? Wie bin ich hergekommen!
Wie aus dem Ei gepellt!
Und jetzt?
Sie, waschen Sie mir gefälligst den Kot aus der Achselhöhle!
Und das rechte Herzohr braucht auch nicht grade
aus dem After rauszusehn!
Das sieht ja wie Hämorrhoiden aus!

Ein Selbstmörder:

Kläfft nicht, ihr Laffen! Pack! Pöbel!
Männer, behaart und brünstig, Frauentiere, feige und heimtückisch,
aus eurem Kotleben fortgeschlagen,
umgreint vom Menschenvieh.
Ich bin aufgestiegen wie ein junger Adler.
So stand ich: nackt, vom kalten Sternenlicht
umbrandet Stirn und Blut.

Ein Jüngling:

Ich brülle: Geist, enthülle dich!
Das Hirn verwest genauso wie der Arsch!
Schon rülpst der Darm ihn Bruder an –
schon pfeift ihm Vetter Hodensack – (stürzt auf einen Kadaver)
ich muß noch einmal dieser frommen Leiche
den Kopf zerfleischen – Bregen vor –! Ein Fleckchen!
Ein Fleck, der gegen die Verwesung spräche!! –
Das Fleckchen, wo sich Gott erging ...!!!

Der Schöpfungskrone gehn die Zinken aus.
Sprachzentrum ist schon weich. Denkzentrum schnürt
sein Ränzel ... Aufbruch und Zerfall ...
brüllt denn ihr, Fleisch, nicht Lachen Wuts empor:
Dies Gelbgestinke hat uns Gott gedacht;
blühte, wie Sommer Prunk und blaue Himmel,
Schatten und Heimat aus – –
nun werft zwölf tote Hunde hier herum,
dann riecht es wie nach uns ...

Das Plakat

Früh, wenn der Abendmensch ist eingepflügt
und bröckelt mit der kalten Stadt im Monde;
wenn Logik nicht im ethischen Konnex,
nein, kategorisch wuchtet; Mangel an Aufschwung
Bejahung stänkert, Klammerung an Zahlen
(zumal wenn teilbar), Einbeinung in den Gang
nach Krankenhaus, Fabrik, Registratur
im Knie zu Hausbesitzverein, Geschlechtsbejahung,
Fortpflanzung, staatlichem Gemeinsystem
ingrimmige Bekennung –
tröstet den Trambahngast
allein das farbenprächtige Plakat.
Es ist die Nacht, die funkelt. Die Entrückung.
Es gilt dem kleinen Mann: selbst kleinem Mann
steht offen Lust zu! Städtisch unbehelligt:
die Einsamkeit, die Heimkehr in das Blut.
Rauschwerte werden öffentlich genehmigt.
Entformung, selbst Vergessen der Fabrik
soll zugestanden sein: ein Polizist
steht selber vor der einen Litfaßsäule! –
O Lüftung! Warme Schwellung! Stirnzerfluß!
Und plötzlich bricht das Chaos durch die Straßen:
Enthemmungen der Löcher und der Lüste,
Entsinkungen: die Formen tauen
sich tot dem Strome nach.

Durchs Erlenholz kam sie entlang gestrichen – – – –

die Schnepfe nämlich – erzählte der Pfarrer –:
Da traten kahle Äste gegen die Luft: ehern.
Ein Himmel blaute: unbedenkbar. Die Schulter mit der
Büchse,
des Pfarrers Spannung, der kleine Hund,
selbst Treiber, die dem Herrn die Freude gönnten:
Unerschütterlich.
Dann weltumgoldet: der Schuß:
Einbeziehung vieler Vorgänge,
Erwägen von Möglichkeiten,
Bedenkung physikalischer Verhältnisse,
einschließlich Parabel und Geschoßgarbe,
Luftdichte, Barometerstand, Isobaren – –
aber durch alles hindurch: die Sicherstellung,
die Ausschaltung des Fraglichen,
die Zusammenraffung,
eine Pranke in den Nacken der Erkenntnis,
blutüberströmt zuckt ihr Plunder
unter dem Begriff: Schnepfenjagd.
Da verschied Kopernikus. Kein Newton mehr.
Kein drittes Wärmegesetz –
eine kleine Stadt dämmert auf: Kellergeruch:
Konditorjungen,
Bedürfnisanstalt mit Wartefrau,
das Handtuch über den Sitz wischend
zum Zweck der öffentlichen Gesundheitspflege;
ein Büro, ein junger Registrator
mit Ärmelschutz, mit Frühstücksbrötchen
den Brief der Patentante lesend.

Pappel

Verhalten,
ungeöffnet in Ast und Ranke,
um in das Blau des Himmels aufzuschrein –:
nur Stamm, Geschlossenheiten,
hoch und zitternd,
eine Kurve.

Die Mispel flüchtet,
Samentöter,
und wann der Blitze segnendes Zerbrechen
rauschte um meinen Schaft
enteinheitend,
weitverteilend
Baumgewesenes?
Und wer sah Pappelwälder?

Einzeln,
und an der Kronenstirn das Mal der Schreie,
das ruhelos die Nächte und den Tag
über der Gärten hinresedeten
süßen aufklaffenden Vorgang,
was ihm die Wurzel saugt, die Rinde frißt,
in tote Räume bietet
hin und her.

Reise

O dieses Lichts! Die Insel kränzt
sternblaues Wasser um sich her,
am Saum gestillt, zu Strand ergänzt,
und sättigt täglich sich am Meer.

Es muß nichts zueinander hin,
die Alke, das gelappte Laub
erfüllen sich; es liegt ihr Sinn
im Mittelpunkt, den nichts beraubt.

Auch ich zu: braun! Ich zu: besonnt!
Zu Flachem, das sich selbst benennt!
Das Auge tief am Horizont,
der keine Vertikale kennt.

Schon schwindet der Verknüpfungsdrang,
schon löst sich das Bezugssystem
und unter dunklem Hautgesang
erhebt sich Blut-Methusalem.

Karyatide

Entrücke dich dem Stein! Zerbirst
die Höhle, die dich knechtet! Rausche
doch in die Flur! Verhöhne die Gesimse –
sieh: Durch den Bart des trunkenen Silen
aus einem ewig überrauschten
lauten einmaligen durchdröhnten Blut
träuft Wein in seine Scham!

Bespei die Säulensucht: toderschlagene
greisige Hände bebten sie
verhangenen Himmeln zu. Stürze
die Tempel vor die Sehnsucht deines Knies,
in dem der Tanz begehrt!

Breite dich hin, zerblühe dich, oh, blute
dein weiches Beet aus großen Wunden hin:
sieh, Venus mit den Tauben gürtet
sich Rosen um der Hüften Liebestor –
sieh dieses Sommers letzten blauen Hauch
auf Astermeeren an die fernen
baumbraunen Ufer treiben; tagen
sieh diese letzte Glück-Lügenstunde
unserer Südlichkeit
hochgewölbt.

Ikarus

I

O Mittag, der mit heißem Heu mein Hirn
zu Wiese, flachem Land und Hirten schwächt,
daß ich hinrinne und, den Arm im Bach,
den Mohn an meine Schläfe ziehe –
o du Weithingewölbter, enthirne doch
stillflügelnd über Fluch und Gram
des Werdens und Geschehns
mein Auge.
Noch durch Geröll der Halde, noch durch Land-aas,
verstaubendes, durch bettelhaft Gezack
der Felsen – überall
das tiefe Mutterblut, die strömende
entstirnte
matte
Getragenheit.

Das Tier lebt Tag um Tag
und hat an seinem Euter kein Erinnern,
der Hang schweigt seine Blume in das Licht
und wird zerstört.

Nur ich, mit Wächter zwischen Blut und Pranke,
ein hirnzerfressenes Aas, mit Flüchen
im Nichts zergellend, bespien mit Worten,
veräfft vom Licht –
o du Weithingewölbter,
träuf meinen Augen eine Stunde
des guten frühen Voraugenlichts –
schmilz hin den Trug der Farben, schwinge
die kotbedrängten Höhlen in das Rauschen

gebäumter Sonnen, Sturz der Sonnen-sonnen,
o aller Sonnen ewiges Gefälle –

II

Das Hirn frißt Staub. Die Füße fressen Staub.
Wäre das Auge rund und abgeschlossen,
dann bräche durch die Lider süße Nacht,
Gebüsch und Liebe.
Aus dir, du süßes Tierisches,
aus euern Schatten, Schlaf und Haar,
muß ich mein Hirn besteigen,
alle Windungen,
das letzte Zwiegespräch –

III

So sehr am Strand, so sehr schon in der Barke,
im krokosfarbnen Kleide der Geweihten
und um die Glieder schon den leichten Flaum –
ausrauschst du aus den Falten, Sonne,
allnächtlich Welten in den Raum –
o eine der vergeßlich hingesprühten
mit junger Glut die Schläfe mir zerschmelzend,
auftrinkend das entstirnte Blut –

Kretische Vase

Du, die Lippe voll Weingeruch,
blauer Ton-Zaun, Rosen-Rotte
um den Zug mykenischen Lichts,
Un-geräte, Tränke-Sehnsucht
weit verweht.

Lockerungen. Es vollzieht sich
Freigebärung. Lose leuchtend
Tiere, Felsen, Hell-Entzwecktes:
Veilchenstreifen, laue Schädel
wiesenblütig.

Welle gegen Starr und Stirn,
Glüher tiefer Bacchanale
gegen die Vernichtungsmale:
Aufwuchs und Bewußtseinshirn,
spüle, stäube – Knabenhände,
Läuferglieder, raumumschlungen,
stranden dich zu Krug und Hang,
wenn bei Fischkopf, Zwiebel, Flöten
Leda-Feste rosenröten
Paarung, Fläche, Niedergang.

O Nacht –

O Nacht! Ich nahm schon Kokain,
und Blutverteilung ist im Gange,
das Haar wird grau, die Jahre fliehn,
ich muß, ich muß im Überschwange
noch einmal vorm Vergängnis blühn.

O Nacht! Ich will ja nicht so viel,
ein kleines Stück Zusammenballung,
ein Abendnebel, eine Wallung
von Raumverdrang, von Ichgefühl.

Tastkörperchen, Rotzellensaum,
ein Hin und Her und mit Gerüchen,
zerfetzt von Worte-Wolkenbrüchen –:
zu tief im Hirn, zu schmal im Traum.

Die Steine flügeln an die Erde,
nach kleinen Schatten schnappt der Fisch,
nur tückisch durch das Ding-Gewerde
taumelt der Schädel-Flederwisch.

O Nacht! Ich mag dich kaum bemühn!
Ein kleines Stück nur, eine Spange
von Ichgefühl – im Überschwange
noch einmal vorm Vergängnis blühn!

O Nacht, o leih mir Stirn und Haar,
verfließ dich um das Tag-verblühte;
sei, die mich aus der Nervenmythe
zu Kelch und Krone heimgebar.

O still! Ich spüre kleines Rammeln:
Es sternt mich an – es ist kein Spott –:
Gesicht, ich: mich, einsamen Gott,
sich groß um einen Donner sammeln.

Das späte Ich

I

O du, sieh an: Levkoienwelle,
der schon das Auge übergeht,
Abgänger, Eigen-Immortelle,
es ist schon spät.

Bei Rosenletztem, da die Fabel
des Sommers längst die Flur verließ –
moi haïssable,
noch so mänadisch analys.

II

Im Anfang war die Flut. Ein Floß Lemuren
schiebt Elch, das Vieh, ihn schwängerte ein Stein.
Aus Totenreich, Erinnern, Tiertorturen
steigt Gott hinein.

Alle die großen Tiere: Adler der Kohorten,
Tauben aus Golgathal –
alle die großen Städte: Palm- und Purpurborden –
Blumen der Wüste, Traum des Baal.

Ost-Gerölle, Marmara-Fähre,
Rom, gib die Pferde des Lysippus her –
letztes Blut des weißen Stiers über die schweigenden Altäre
und der Amphitrite letztes Meer –

Schutt. Bacchanalien, Propheturen.
Barkarolen. Schweinerein.
Im Anfang war die Flut. Ein Floß Lemuren
schiebt in die letzten Meere ein.

III

O Seele, um und um verweste,
kaum lebst du noch und noch zuviel,
da doch kein Staub aus keinen Feldern,
da doch kein Laub aus keinen Wäldern
nicht schwer durch deine Schatten fiel.

Die Felsen glühn, der Tartarus ist blau,
der Hades steigt in Oleanderfarben
dem Schlaf ins Lid und brennt zu Garben
mythischen Glücks die Totenschau.

Der Gummibaum, der Bambusquoll,
der See verwäscht die Inkaplatten,
das Mondchâteau: Geröll und Schatten
uralte blaue Mauern voll.

Welch Bruderglück um Kain und Abel,
für die Gott durch die Wolken strich –
kausalgenetisch, haïssable:
das späte Ich.

Synthese

Schweigende Nacht. Schweigendes Haus.
Ich aber bin der stillsten Sterne,
ich treibe auch mein eignes Licht
noch in die eigne Nacht hinaus.

Ich bin gehirnlich heimgekehrt
aus Höhlen, Himmeln, Dreck und Vieh.
Auch was sich noch der Frau gewährt,
ist dunkle süße Onanie.

Ich wälze Welt. Ich röchle Raub.
Und nächtens nackte ich im Glück:
es ringt kein Tod, es stinkt kein Staub
mich, Ich-Begriff, zur Welt zurück.

Der Sänger

Keime, Begriffsgenesen,
Broadways, Azimut,
Turf- und Nebelwesen
mischt der Sänger im Blut,
immer in Gestaltung,
immer dem Worte zu
nach Vergessen der Spaltung
zwischen ich und du.

Neurogene Leier,
fahle Hyperämien.
Blutdruckschleier
mittels Koffein,
keiner kann ermessen
dies: dem einen zu,
ewig dem Vergessen
zwischen ich und du.

Wenn es einst der Sänger
dualistisch trieb,
heute ist er Zersprenger
mittels Gehirnprinzip,
stündlich webt er im Ganzen
drängend zum Traum des Gedichts
seine schweren Substanzen
selten und langsam ins Nichts.

Trunkene Flut

Trunkene Flut,
trance- und traumgefleckt,
o Absolut,
das meine Stirne deckt,
um das ich ringe,
aus dem der Preis
der tiefen Dinge,
die die Seele weiß.

In Sternenfieber,
das nie ein Auge maß,
Nächte, Lieber,
daß man des Tods vergaß,
im Zeiten-Einen,
im Schöpfungsschrei
kommt das Vereinen,
nimmt hin – vorbei.

Dann du alleine
nach großer Nacht,
Korn und Weine
dargebracht,
die Wälder nieder,
die Hörner leer,
zu Gräbern wieder
steigt Demeter,

dir noch im Rücken,
im Knochenbau,
dann ein Entzücken,
ein Golf aus Blau,
von Tränen alt,
aus Not und Gebrest
eine Schöpfergestalt,
die uns leben läßt,

die viel gelitten,
die vieles sah,
immer in Schritten
dem Ufer nah
der trunkenen Flut,
die die Seele deckt
groß wie der Fingerhut
sommers die Berge fleckt.

Palau

„Rot ist der Abend auf der Insel von Palau
und die Schatten sinken –“
singe, auch aus den Kelchen der Frau
läßt es sich trinken,
Totenvögel schrein
und die Totenuhren
pochen, bald wird es sein
Nacht und Lemuren.

Heiße Riffe. Aus Eukalypten geht
Tropik und Palmung,
was sich noch hält und steht,
will auch Zermalmung
bis in das Gliederlos,
bis in die Leere,
tief in den Schöpfungsschoß
dämmernder Meere.

Rot ist der Abend auf der Insel von Palau
und im Schattenschimmer
hebt sich steigend aus Dämmer und Tau:
„niemals und immer“,
alle Tode der Welt
sind Fähren und Furten,
und von Fremden umstellt
auch deine Geburten –

einmal mit Opferfett
auf dem Piniengerüste
trägt sich dein Flammenbett
wie Wein zur Küste,
Megalithen zuhauf
und die Gräben und Hallen,
Hammer des Thor im Lauf
zu den Asen zerfallen –

wie die Götter vergehn
und die großen Cäsaren,
von der Wange des Zeus
emporgefahren –
singe, wandert die Welt
schon in fremdestem Schwunge,
schmeckt uns das Charonsgeld
längst unter der Zunge.

Paarung. Dein Meer belebt
Sepien, Korallen,
was sich noch hält und hebt,
will auch zerfallen,
rot ist der Abend auf der Insel von Palau,
Eukalyptenschimmer
hebt in Runen aus Dämmer und Tau:
niemals und immer.

Schutt

Spuk. Alle Skalen
toset die Seele bei Nacht,
Griff und Kuß und die fahlen
Fratzen, wenn man erwacht.
Bruch, und ach deine Züge
alle funkelnd vom Flor,
Maréchal Niel der Lüge –
never –, o nevermore.

Schutt, alle Trümmer
liegen morgens so bloß,
wahr ist immer nur eines:
du und das Grenzenlos –
trinke und alle Schatten
hängen die Lippe ins Glas,
fütterst du dein Ermatten –
laß –!

Schamloses Schaumgeboren,
Akropolen und Gral,
Tempel, dämmernde Foren
katadyomenal;
fiebernde Galoppade,
Spuk, alle Skalen tief
schluchzend Hypermalade,
letztes Pronom jactif.

Komm, die Lettern verzogen,
hinter Gitter gebannt,
himmelleer, schütternde Wogen
alles, Züge und Hand.
Fall: verwehende Märe,
Wandel: lächelt euch zu –
alles: Sonne und Sphäre,
Pole und Astren: du.

Komm, und drängt sich mit Brüsten
Eutern zu Tête-à-tête
letztes Lebensgelüsten,
laß, es ist schon zu spät,
komm, alle Skalen tosen
Spuk, Entformungsgefühl –
komm, es fallen wie Rosen
Götter und Götter-Spiel.

Theogonien

Theogonien –
von den Dingen der Welt
ziehn Melancholien
an der Sterne Zelt,
weben Götter und Drachen,
singen Brände und Baal,
sinnvoll zu machen
Knechtschaft und Qual.

Fährt Er mit leuchtender Barke
über das Himmelsmeer,
ist Er der Widder, der Starke,
von Sonnen und Monden schwer,
naht Er sich in Gewittern,
als der die Felsen verschiebt
und von den Bösen, den Bittern
die Kühe den Priestern gibt.

Ach, um Fluten, um Elche
rankt sich die Traurigkeit:
sie fahren; Stürme; welche
tauchen, das Land ist weit.
da: ihrem Möwentume
stäubt sich ein Körnchen schwer,
und Er macht aus der Krume
eine Insel auf dem Meer.

Wie mußten sie alle leiden,
um so zum Traum zu fliehn,
und sein des Kummers Weiden
wie hier die Algonkin!
Auch anderen Tieren, Steinen
vertrauten sie ihren Tod
und gingen hin zu weinen
die Völker, weiß und rot.

Schädelstätten

Schwer von Vergessen
und ach so hangend schon,
aus Unermessen
Ton um Ton,
und Schattenmale
des letzten Lichts,
o Finale,
Nächte des Nichts.

Die Welten halten,
Äonen-Bann.
Schwer das Erkalten
fühlt nur der Mann,
Wälder zu schweigen
und Waidmannsruh –
wenn wir uns neigen,
wer warst du,
du?

Punisch in Jochen,
Heredität,
kranke Knochen
von Philoktet,
Fratze der Glaube,
Fratze das Glück,
leer kommt die Taube
Noahs zurück.

Schädelstätten,
Begriffsmanie,
kein Zeitwort zu retten
noch Historie –
allem Vergessen,
allem Verschmähn,
dem Unermessen
Panathenän –

in Heiligtumen
tyrrhenischer See
Stier unter Blumen
an Danaë,
in Leuenzügen
Mänadenklang,
und Götter fügen
den Untergang.

Qui sait

Aber der Mensch wird trauern –
solange Gott, falls es das gibt,
immer neue Schauern
von Gehirnen schiebt
von den Hellesponten
zum Hobokenquai,
immer neue Fronten –
wozu, qui sait?

Spurii: die Gesäten
war einst der Männer Los,
Frauen streiften und mähten
den Samen in ihren Schoß;
dann eine Insel voll Tauben
und Werften: Schiffe fürs Meer,
und so begann der Glauben
an Handel und Verkehr.

Aber der Mensch wird trauern –
Masse, muskelstark,
Cowboy und Zentauern,
Nurmi als Jeanne d'Arc –:
Stadionsakrale
mit Khasanaspray,
Züchtungspastorale,
wozu, qui sait?

Aber der Mensch wird trauern –
kosmopoler Chic
neue Tempelmauern
Kraftwerk Pazifik:
die Meere ausgeweidet,
Kalorien-Avalun:
Meer, das wärmt, Meer, das kleidet –
neue Mythe des Neptun.

Bis nach tausend Jahren
einbricht in das Wrack
Geißlerscharen,
zementiertes Pack
mit Orang-Utanhauern
oder Kaiser Henry Clay –
wer wird das überdauern,
welch Pack – qui sait?

Chaos

Chaos – Zeiten und Zonen
bluffende Mimikry,
großer Run der Äonen
in die Stunde des Nie –
Marmor Milets, Travertine,
hippokratischer Schein,
Leichenkolombine:
die Tauben fliegen ein.

Ebenbild, inferniertes,
Erweichungsparasit,
Formen-onduliertes
lachhaft und sodomit
lobe –: die Hirne stümmeln
leck im Sursumscharnier,
den Herrn –: die Hirne lümmeln
Leichenwachs, Adipocire.

Bruch. Gonorrhoische Schwarten
machen das Weltgericht:
Waterloo: Bonaparten
paßte der Sattel nicht –
Fraß, Suff, Gifte und Gase –
wer kennte Gottes Ziel
anders als: Ausgang der Blase
erektil?

Fatum. Flamingohähne,
Geta am Darm kommod,
anderweit Tierschutzmäzene
kommt, ersticht ihn beim Kot –
Fraß, Suff, Seuchen und Stänke
um das Modder-Modell –
à bas die Kränke:
individuell.

Keine Flucht. Kein Rauschen.
Chaos. Brüchiger Mann.
Fraß, Suff, Säfte tauschen
ihm was Lebendes an,
mit im Run der Äonen
in die Stunde des Nie
durch der Zeiten und Zonen
leere Melancholie.

Banane

Banane, yes, Banane:
Vie méditerranée,
Bartwichse, Lappentrane:
Vie Pol, Sargassosee:
Dreck, Hündinnen, Schakale
Geschlechtstrieb im Gesicht
und aasblau das Finale –
der Bagno läßt uns nicht.

Die großen Götter Panne,
defekt der Mythenflor,
die Machmeds und Johanne
speicheln aus Eignem vor,
der alten Samenbarden
Begattungsclownerie,
das Sago der Milliarden
der Nil von Hedonie.

Nachts wahllos zwischen Horden
verschluckt der Zeugungsakt,
Gestirne? wo? geworden!
gewuchert! fleischlich Fakt!
Gestirne? wo? im Schweigen
eines Wechsels von Fernher –
Zyklen, Kreisen der Reigen,
Bedürfnisswiederkehr.

Sinnlose Existenzen:
dreißig Millionen die Pest,
und die andern Pestilenzen
lecken am Rest,
Hochdruck! unter die Brause!
in Pferdemist und Spelt
beerdige zu Hause –
das ist das Antlitz der Welt!

Hauch von Schaufeln und Feuer
ist die Blume des Weins,
Hungerratten und Geier
sind die Lilien des Seins,
Erde birst sich zu Kreuzen,
Flußbett und Meere fällt,
sinnlose Phallen schneuzen
sich ins Antlitz der Welt.

Ewig endlose Züge
vor dem sinkenden Blick,
weite Wogen, Flüge –
wohin – zurück
in die dämmernden Rufe,
an den Schierling: Vollbracht,
umflorte Stufe
zur Urne der Nacht.

Staatsbibliothek

Staatsbibliothek, Kaschemme,
Resultatverlies,
Satzbordell, Maremme,
Fieberparadies:
wenn die Katakomben
glühn im Wortvibrier,
und die Hekatomben
sind *ein* weißer Stier –

wenn Vergang der Zeiten,
wenn die Stunde stockt,
weil im Satz der Seiten
eine Silbe lockt,
die den Zweckgewalten,
reinem Lustgewinn
rauscht in Sturzgestalten
löwenhaft den Sinn –:

wenn das Säkulare,
tausendstimmig Blut
auferlebt im Aare
neuer Himmel ruht:
Opfer, Beil und Wunde,
Hades, Mutterhort
für der Schöpfungsstunde
traumbeladenes Wort.

Stadtarzt

Stadtarzt, Muskelpresse,
schaffensfroher Hort,
auch Hygienemesse
großes Aufbauwort,
wunderbare Waltung,
was der Hochtrieb schuf,
täglich Ausgestaltung,
Schwerpunkt im Beruf.

Normung selbst der Gase,
amtlich deputiert,
ob die Säuglingsblase
luftdicht funktioniert,
vorne Prophylaxe,
hinten Testogan,
und die Mittelachse
schraubt sich himmelan.

Zuchttyp: Faustkaliber,
strebend Buhnen baun,
Pol- und Packeisschieber,
Luftverdrängungsclown,
Rundfunk und Refraktor,
Wort verkommne Zahl,
Wort als Ausdrucksfaktor
gänzlich anomal.

Wunderbares Walten,
dort der Affensteiß,
hier der Hochgestalten
Licht- und Höhenreiß,
und als Edelmesse,
Gottes Gnadensproß,
züchtet Muskelpresse
Pithekanthropos.

Fürst Kraft

Fürst Kraft ist – liest man – gestorben.
Latifundien weit,
ererbte, hat er erworben,
eine Nachrufpersönlichkeit:
„übte unerschrocken Kontrolle,
ob jeder rechtens tat,
Aktiengesellschaft Wolle,
Aufsichtsrat.“

So starb er in den Sielen.
Doch wandt' er in Stunde der Ruh
höchsten sportlichen Zielen
sein Interesse zu;
immer wird man ihn nennen,
den delikaten Greis,
Schöpfer des Stutenrennen:
Kiscazonypreis.

Und niemals müde zu reisen!
Genug ist nicht genug!
Oft hörte man ihn preisen
den Rast-ich-so-Rost-ich-Zug,
er stieg mit festen Schritten
in seinen Sleeping-car
und schon war er inmitten
von Rom und Sansibar.

So schuf er für das Ganze
und hat noch hochbetagt
im Bergrevier der Tatra
die flinke Gemse gejagt,
drum ruft ihm über die Bahre
neben der Industrie
alles Schöne, Gute, Wahre
ein letztes Halali.

Annonce

„Villa in Baden-Baden,
schloßartig, Wasserlauf
im Garten, Balustraden
vermietbar oder Kauf" –
das ist wohl so zu lesen,
von Waldessaum begrenzt,
mit Fernblick und Vogesen
und wo die Oos erglänzt.

Nun mag wohl ein Tiroler
von Burg und Martinswand
erwägen, ob ihm wohler
im wellig heitern Land
oder aus andern Kreisen,
wo Herz und Sinne weit
das Schöne offen preisen
und frohe Gastlichkeit.

Zum Beispiel Sommerstunde:
geöffnet der Salon,
berauscht die Rosenrunde
vom Klang des Steinway son,
das Lied, das Lied hat Flügel,
wie's durch den Garten zieht,
wo man vom Flaggenhügel
die Handelskammer sieht.

Oder wie seelisch offen,
wie strömt man hin so frei:
„der Mann dort in Pantoffeln,
der Gärtner zieht im Mai,
er will schon wieder gehen,
und eh man dann was fand,
man gibt die Orchideen
nicht gern von Hand zu Hand.“

So nicht nur Ehrenrunden
und Oberflächlichkeit,
es führt zu innern Stunden,
Leid und Vergänglichkeit
und hält Gesundheitsschaden
für die Familie auf
die Villa Baden-Baden,
schloßartig, Wasserlauf.

Erst wenn

Nicht die Olivenlandschaft,
nicht das Tyrrhenische Meer
sind die große Bekanntschaft:
die weißen Städte sind leer,
die Dinge lagern in stummen
Gewölben aus Substanz,
und keine Schatten vermummen
den regungslosen Glanz.

Leer steht die Weinzisterne,
in Strahlen fassungslos
bietet sie nichts an Ferne
und an Zerstörungsstoß
und hilft nicht auszubreiten,
was im Gehirne schlief:
sie bietet Südlichkeiten,
doch nicht das Südmotiv.

Ein Hof polarer Reste,
Eiszeiten, Schollenwand
selbst um die Villa d'Este
und ihren Ginsterbrand:
erst wenn die Schöpfungswunde
sich still eröffnet hat,
steigt die Verströmungsstunde
vom Saum der weißen Stadt.

Aus Fernen, aus Reichen

Was dann nach jener Stunde
sein wird, wenn dies geschah,
weiß niemand, keine Kunde
kam je von da,
von den erstickten Schlünden
von dem gebrochnen Licht,
wird es sich neu entzünden,
ich meine nicht.

Doch sehe ich ein Zeichen:
über das Schattenland
aus Fernen, aus Reichen
eine große, schöne Hand,
die wird mich nicht berühren,
das läßt der Raum nicht zu:
doch werde ich sie spüren,
und das bist du.

Und du wirst niedergleiten
am Strand, am Meer,
aus Fernen, aus Weiten:
„ – erlöst auch er;“
ich kannte deine Blicke
und in des tiefsten Schoß
sammelst du unsere Glücke,
den Traum, das Los.

Ein Tag ist zu Ende,
die Reifen fortgebracht,
dann spielen noch zwei Hände
das Lied der Nacht,
vom Zimmer, wo die Tasten
den dunklen Laut verwehn,
sieht man das Meer und die Masten
hoch nach Norden gehn.

Wenn die Nacht wird weichen,
wenn der Tag begann,
trägst du Zeichen,
die niemand deuten kann,
geheime Male
von fernen Stunden krank
und leerst die Schale,
aus der ich vor dir trank.

Schleierkraut

Schleierkraut, Schleierkraut rauschen,
rausche die Stunde an,
Himmel, die Himmel lauschen,
wer noch leben kann,
jeder weiß von den Tagen,
wo wir die Ferne sehn:
Leben ist Brückenschlagen
über Ströme, die vergehn.

Schleierkraut, Schleierkraut rauschen,
es ist die Ewigkeit,
wo Herbst und Rosen tauschen
den Blick vom Sterben weit,
da klingt auch von den Meeren
das Ruhelose ein,
von fahlen Stränden, von Schären
der Woge Schein.

Schleierkraut, Schleierkraut neigen
zu tief Musik,
Sterbendes will schweigen:
Silence panique,
erst die Brücken geschlagen,
das Blutplateau,
dann, wenn die Brücken tragen,
die Ströme – wo?

Dunkler –

Dunkler kann es nicht werden
als diese Stunde, die sinkt,
mit allen Lasten der Erden
in fremder Nacht ertrinkt,
enteignen sich die Figuren
zu einer großen Gestalt,
drohen die Lemuren
aus dem Schattenwald.

Löst du dich von den Dingen,
trägst du fahles Los:
Trauermäntel schwingen
dir um Mund und Schoß –
faltest du die Blätter
jedes Einzelbaums,
bist du kein Verketter
deines Trance-Traums.

In Bewußtseinsbresche
über Ahnung still
steht die Weltenesche
Yggdrasil,
steht auch Aarons Rute
trocken eingestückt,
dann mit Wunderblute
Israel beglückt –

Dir nur sich enthüllte
bis zum Schlunde leer
ewig unerfüllte
Promesse du bonheur,
dir nur kann es nicht werden,
jede Stunde, die sinkt,
mit allen Lasten der Erden
in fremder Nacht ertrinkt.

Für Klabund

Nehmen Sie jene erste
tauende Nacht im Jahr
und die strömenden blauen
Streifen des Februar,

nehmen Sie jene Verse,
Reime, Strophen, Gedichte,
die unsere Jugend erhellten
und man vergaß sie dann nicht,

nehmen Sie von den Wesen,
die man liebte und so,
jenen Hauch des Erlöschens
und dann salut und Chapeau –

ach, diese spärlichen vollen
Schläge des Herzens und
über uns fallen die Schollen –
leben Sie wohl, Klabund!

Sieh die Sterne, die Fänge

Sieh die. Sterne, die Fänge
Lichts und Himmel und Meer,
welche Hirtengesänge,
dämmernde, treiben sie her,
du auch, die Stimmen gerufen
und deinen Kreis durchdacht,
folge die schweigenden Stufen
abwärts dem Boten der Nacht.

Wenn du die Mythen und Worte
entleert hast, sollst du gehn,
eine neue Götterkohorte
wirst du nicht mehr sehn,
nicht ihre Euphratthrone,
nicht ihre Schrift und Wand –
gieße, Myrmidone,
den dunklen Wein ins Land.

Wie dann die Stunden auch hießen,
Qual und Tränen des Seins,
alles blüht im Verfließen
dieses nächtigen Weins,
schweigend strömt die Äone,
kaum noch von Ufern ein Stück –
gib nun dem Boten die Krone,
Traum und Götter zurück.

Regressiv

Ach, nicht in dir, nicht in Gestalten
der Liebe, in des Kindes Blut,
in keinem Wort, in keinem Walten
ist etwas, wo dein Dunkel ruht.

Götter und Tiere – alles Faxen.
Schöpfer und Schieber, ich und du –
Bruch, Katafalk, von Muscheln wachsen
die Augen zu.

Nur manchmal dämmert's: in Gerüchen
vom Strand, Korallenkolorit,
in Spaltungen, in Niederbrüchen
hebst du der Nacht das schwere Lid:

am Horizont die Schleierfähre,
stygische Blüten, Schlaf und Mohn,
die Träne wühlt sich in die Meere –
dir: thalassale Regression.

Leben – niederer Wahn

Leben – niederer Wahn!
Traum für Knaben und Knechte,
doch du von altem Geschlechte.
Rasse am Ende der Bahn.

was erwartest du hier?
immer noch eine Berauschung,
eine Stundenvertauschung
von Welt und dir?

Suchst du noch Frau und Mann?
ward dir nicht alles bereitet.
Glauben und wie es entgleitet
und die Zerstörung dann?

Form nur ist Glaube und Tat.
die erst von Händen berührten.
doch dann den Händen entführten
Statuen bergen die Saat.

Wer allein ist –

Wer allein ist, ist auch im Geheimnis,
immer steht er in der Bilder Flut,
ihrer Zeugung, ihrer Keimnis,
selbst die Schatten tragen ihre Glut.

Trächtig ist er jeder Schichtung
denkerisch erfüllt und aufgespart,
mächtig ist er der Vernichtung
allem Menschlichen, das nährt und paart.

Ohne Rührung sieht er, wie die Erde
eine andere ward, als ihm begann.
nicht mehr Stirb und nicht mehr Werde:
formstill sieht ihn die Vollendung an.

Auf deine Lider senk ich Schlummer

Auf deine Lider senk ich Schlummer,
auf deine Lippen send ich Kuß,
indessen ich die Nacht, den Kummer,
den Traum alleine tragen muß.

Um deine Züge leg ich Trauer,
um deine Züge leg ich Lust,
indes die Nacht, die Todesschauer
weben allein durch meine Brust.

Du, die zu schwach, um tief zu geben,
du, die nicht trüge, wie ich bin –
drum muß ich abends mich erheben
und sende Kuß und Schlummer hin.

Anemone

Erschütterer –: Anemone,
die Erde ist kalt, ist nichts,
da murmelt deine Krone
ein Wort des Glaubens, des Lichts.

Der Erde ohne Güte,
der nur die Macht gerät,
ward deine leise Blüte
so schweigend hingesät.

Erschütterer –: Anemone,
du trägst den Glauben, das Licht,
den einst der Sommer als Krone
aus großen Blüten flicht.

Einsamer nie –

Einsamer nie als im August:
Erfüllungsstunde – im Gelände
die roten und die goldenen Brände
doch wo ist deiner Gärten Lust?

Die Seen hell, die Himmel weich,
die Äcker rein und glänzen leise,
doch wo sind Sieg und Siegsbeweise
aus dem von dir vertretenen Reich?

Wo alles sich durch Glück beweist
und tauscht den Blick und tauscht die Ringe
im Weingeruch, im Rausch der Dinge –
dienst du dem Gegenglück, dem Geist.

Ein Land –

Ein Land, ein dunkles Meer,
und dann ein Reich, das endet
so fern, daß nie sich wendet
ein Strahl hierher.

Ein Tag, ein zwitternd Licht,
Urängste, Todesdränge:
das Land der Untergänge:
kennst du es nicht?

Auf Sänften und auf Truhn,
da lagern die Gestalten,
die Schweigenden, die Alten
und künden –: ruhn.

Die nur durch Tränen sahn
das tägliche Vernichten,
doch auch die Frein, die Lichten:
sie spähn, sie nahn.

Durch jede Stunde –

Durch jede Stunde,
durch jedes Wort
blutet die Wunde
der Schöpfung fort,

verwandelnd Erde
und tropft den Seim
ans Herz dem Werde
und kehret heim.

Gab allem Flügel,
was Gott erschuf,
den Skythen die Bügel
dem Hunnen den Huf –

nur nicht fragen,
nur nicht verstehn;
den Himmel tragen,
die weitergehn,

nur diese Stunde
ihr Sagenlicht
und dann die Wunde,
mehr gibt es nicht.

Die Äcker bleichen,
der Hirte rief,
das ist das Zeichen:
tränke dich tief,

den Blick in Bläue,
ein Ferngesicht:
das ist die Treue,
mehr gibt es nicht,

Treue den Reichen,
die alles sind,
Treue dem Zeichen,
wie schnell es rinnt,

ein Tausch, ein Reigen,
ein Sagenlicht,
ein Rausch aus Schweigen,
mehr gibt es nicht.

Einst

Einst, wenn der Winter begann,
du hieltest von seinen Schleiern,
den Dämmerdörfern, den Weihern
die Schatten an.

Oder die Städte erglommen
sphinxblau an Schnee und Meer –
wo ist das hingekommen
und keine Wiederkehr.

Alles des Grams, der Gaben
früh her in unser Blut –:
wenn wir *gelitten* haben,
ist es *dann* gut?

Das Ganze

Im Taumel war ein Teil, ein Teil in Tränen,
in manchen Stunden war ein Schein und mehr,
in diesen Jahren war das Herz, in jenen
waren die Stürme – wessen Stürme – wer?

Niemals im Glücke, selten mit Begleiter,
meistens verschleiert, da es tief geschah,
und alle Ströme liefen wachsend weiter
und alles Außen ward nur innen nah.

Der sah dich hart, der andre sah dich milder,
der wie es ordnet, der wie es zerstört,
doch was sie sahn, das waren halbe Bilder,
da dir das Ganze nur allein gehört.

Im Anfang war es heller, was du wolltest
und zielte vor und war dem Glauben nah,
doch als du dann erblicktest, was du solltest.
was auf das Ganze steinern niedersah,

da war es kaum ein Glanz und kaum ein Feuer,
in dem dein Blick, der letzte, sich verfing:
Ein nacktes Haupt, im Blut, ein Ungeheuer,
an dessen Wimper eine Träne hing.

Ach, das ferne Land –

Ach, das ferne Land,
wo das Herzzerreißende
auf runden Kiesel
oder Schilffläche libellenflüchtig
anmurmelt,
auch der Mond
verschlagenen Lichts
– halb Reif, halb Ährenweiß –
den Doppelgrund der Nacht
so tröstlich anhebt –

ach, das ferne Land,
wo vom Schimmer der Seen
die Hügel warm sind,
zum Beispiel Asolo, wo die Duse ruht,
von Pittsburg trug sie der „Duilio" heim,
alle Kriegsschiffe, auch die englischen, flaggten halbmast,
als er Gibraltar passierte –

dort Selbstgespräche
ohne Beziehungen auf Nahes,
Selbstgefühle
frühe Mechanismen.
Totemfragmente
in die weiche Luft
etwas Rosinenbrot im Rock –

so fallen die Tage,
bis der Ast am Himmel steht,
auf dem die Vögel einruhn
nach langem Flug.

Quartär –

I

Die Welten trinken und tränken
sich Rausch zu neuem Raum
und die letzten Quartäre versenken
den ptolemäischen Traum.
Verfall, Verflammen, Verfehlen –
in toxischen Sphären, kalt,
noch einige stygische Seelen,
einsame, hoch und alt.

II

Komm – laß sie sinken und steigen,
die Zyklen brechen hervor:
uralte Sphinxe, Geigen
und von Babylon ein Tor,
ein Jazz vom Rio del Grande,
ein Swing und ein Gebet –
an sinkenden Feuern, vom Rande,
wo alles zu Asche verweht.

Ich schnitt die Gurgel den Schafen
und füllte die Grube mit Blut,
die Schatten kamen und trafen
sich hier – ich horchte gut –,
ein jeglicher trank, erzählte
von Schwert und Fall und frug,
auch stier- und schwanenvermählte
Frauen weinten im Zug.

Quartäre Zyklen – Szenen,
doch keine macht dir bewußt,
ist nun das Letzte die Tränen
oder ist das Letzte die Lust
oder beides ein Regenbogen,
der einige Farben bricht,
gespiegelt oder gelogen –
du weißt, du weißt es nicht.

III

Riesige Hirne biegen
sich über ihr Dann und Wann
und sehen die Fäden fliegen,
die die alte Spinne spann,
mit Rüsseln in jede Ferne
und an alles, was verfällt,
züchten sich ihre Kerne
die sich erkennende Welt.

Einer der Träume Gottes
blickte sich selber an,
Blicke des Spiels, des Spottes
vom alten Spinnenmann,
dann pflückt er sich Asphodelen
und wandert den Styxen zu –
laß sich die Letzten quälen,
laß sie Geschichte erzählen –
Allerseelen –
Fini du tout.

Chopin

Nicht sehr ergiebig im Gespräch,
Ansichten waren nicht seine Stärke,
Ansichten reden drum herum,
Wenn Delacroix Theorien entwickelte,
wurde er unruhig, er seinerseits konnte
die Notturnos nicht begründen.

Schwacher Liebhaber;
Schatten in Nohant,
wo George Sands Kinder
keine erzieherischen Ratschläge
von ihm annahmen.

Brustkrank in jener Form
mit Blutungen und Narbenbildung,
die sich lange hinzieht;
stiller Tod
im Gegensatz zu einem
mit Schmerzparoxysmen
oder durch Gewehrsalven:
man rückte den Flügel (Erard) an die Tür
und Delphine Potocka
sang ihm in der letzten Stunde
ein Veilchenlied.

Nach England reiste er mit drei Flügeln:
Pleyel, Erard, Broadwood,
spielte für zwanzig Guineen abends
eine Viertelstunde
bei Rothschilds, Wellingtons, im Strafford House

und vor zahllosen Hosenbändern;
verdunkelt von Müdigkeit und Todesnähe
kehrte er heim
auf den Square d'Orléans.

Dann verbrennt er seine Skizzen
und Manuskripte,
nur keine Restbestände, Fragmente, Notizen,
diese verräterischen Einblicke –
sagte zum Schluß:
„Meine Versuche sind nach Maßgabe dessen vollendet,
was mir zu erreichen möglich war."

Spielen sollte jeder Finger
mit der seinem Bau entsprechenden Kraft,
der vierte ist der schwächste
(nur siamesisch zum Mittelfinger).
Wenn er begann, lagen sie
auf e, fis, gis, h, c.

Wer je bestimmte Präludien
von ihm hörte,
sei es in Landhäusern oder
in einem Höhengelände
oder aus offenen Terrassentüren
beispielsweise aus einem Sanatorium,
wird es schwer vergessen.

Nie eine Oper komponiert,
keine Symphonie,
nur diese tragischen Progressionen
aus artistischer Überzeugung
und mit einer kleinen Hand.

Verse

Wenn je die Gottheit, tief und unerkenntlich
in einem Wesen auferstand und sprach,
so sind es Verse, da unendlich
in ihnen sich die Qual der Herzen brach:
die Herzen treiben längst im Strom der Weite,
die Strophe aber streift von Mund zu Mund,
sie übersteht die Völkerstreite
und überdauert Macht und Mörderbund.

Auch Lieder, die ein kleiner Stamm gesungen.
Indianer, Yakis mit Aztekenwort,
längst von der Gier des weißen Manns bezwungen,
leben als stille Ackerstrophen fort:
„komm, Kindlein, komm im Schmuck der Siebenähren,
komm, Kindlein, komm in Kett' und Jadestein,
der Maisgott stellt ins Feld, uns zu ernähren,
den Rasselstab und du sollst Opfer sein –"

Das große Murmeln dem, der seine Fahrten
versenkt und angejocht dem Geiste lieh.
Einhauche, Aushauch, Weghauch – Atemarten
indischer Büßungen und Fakirie –
das große Selbst, der Alltraum, einem jeden
ins Herz gegeben, der sich schweigend weiht,
hält sich in Psalmen und in Veden
und spottet alles Tuns und trotzt der Zeit.

Zwei Welten stehn in Spiel und Widerstreben,
allein der Mensch ist nieder, wenn er schwankt,
er kann vom Augenblick nicht leben,
obwohl er sich dem Augenblicke dankt;
die Macht vergeht im Abschaum ihrer Tücken,
indes ein Vers der Völker Träume baut,
die sie der Niedrigkeit entrücken,
Unsterblichkeit im Worte und im Laut.

1886

Ostern am spätesten Termin,
an der Elbe blühte schon der Flieder,
dafür Anfang Dezember ein so unerhörter Schneefall,
dass der gesamte Bahnverkehr
in Nord- und Mitteldeutschland
für Wochen zum Erliegen kam.

Paul Heyse veröffentlicht eine einaktige Tragödie.
Es ist Hochzeitsabend, die junge Frau entdeckt,
dass ihr Mann einmal ihre Mutter geliebt hat,
alle längst tot, immerhin
von ihrer Tante, die Mutterstelle vertrat,
hat sie ein Morphiumfläschchen:
„störe das sanfte Mittel nicht",
sie sinkt zurück, hascht nach seiner Hand,
Theodor (düster, aufschreiend):
„Lydia! Mein Weib! Nimm mich mit Dir"! –
Titel: „Zwischen Lipp' und Kelchesrand."

England erobert Mandelai,
eröffnet das weite Tal des Irawaday dem Welthandel;
Madagaskar kommt an Frankreich;
Russland vertreibt den Fürsten Alexander
aus Bulgarien.

Der Deutsche Radfahrbund
zählt 1500 Mitglieder.
Güssfeld besteigt zum ersten Mal
den Montblanc

über den Grand Mulet.
Die Barsois aus dem Perchinozwinger
im Gouvernement Tula,
die mit der besonders tiefbefahnten Brust,
die Wolfsjäger,
erscheinen auf der Berliner Hundeausstellung,
Asmodey erhält die Goldene Medaille.

Die Registertonne wird einheitlich
auf 2,8 cbm Raumgehalt festgesetzt;
Übergang des Raddampfers zum Schraubendampfer;
Rückgang der Holzschiffe;
über das chinesische Kauffahrteiwesen
ist statistisch nichts bekannt;
Norddeutscher Lloyd: 38 Schiffe, 63 000 t,
Hamburg – Amerika: 19 Schiffe, 34 200 t,
Hamburg – Süd: 9 Schiffe, 13 500 t.

Turgenjew in Baden-Baden
besucht täglich die Schwestern Viardot,
unvergessliche Abende,
sein Lieblingslied, das selten gehörte:
„wenn meine Grillen schwirren“
(Schubert),
oft auch lesen sie Scheffel's Ekkehard.

Es werden entdeckt:
der flügellose Vogel Kiwi-kiwi in Neuseeland,
der augenlose Molch in der Krainer Tropfsteinklamm,
ein blinder Fisch in der Mammuthhöhle von Kentucky.
Beobachtet werden:
Schwinden des Haarkleides (Wale, Delphine),
Weisslichwerden der Haut (Schnecken, Köcherfliegen),

Panzerrückbildung (Krebse, Insekten) –
Entwicklungsfragen,
Befruchtungsstudien,
Naturgeheimnis,
nachgestammelt.

Kampf gegen Fremdwörter,
Luna, Cephir, Chrysalide,
1088 Wörter aus dem Faust
sollen verdeutscht werden.
Agitation der Handlungsgehilfen
für Schliessung der Geschäfte an den
Sonntagnachmittagen,
sozialdemokratische Stimmen
bei der Wahl in Berlin: 68535.
Das Tiergartenviertel ist freisinnig,
Singer hält seine erste
Kandidatenrede.
13. Auflage von Brockhaus'
Konversationslexikon.

Die Zeitungen beklagen die Aufführung
von Tolstoi's „Macht der Finsternis“,
dagegen ist Blumenthal's „Ein Tropfen Gift“
eines langen Nachklangs von Wohllaut sicher;
„Über dem Haupt des Grafen Albrecht Vahlberg,
der eine geachtete Stellung in der hauptstädtischen
Gesellschaft
einnimmt,
schwebt eine dunkle Wolke“,
Zola, Ibsen, Hauptmann sind unerfreulich,
Salambo verfehlt,
Liszt Kosmopolit,

und nun kommt die Rubrik
„Der Leser hat das Wort“,
er will etwas wissen
über Wadenkrämpfe
und Fremdkörperentfernung.

Es taucht auf:
Pithekanthropos,
Javarudimente, –
die Vorstufen.
Es stirbt aus:
der kleine Vogel von Hawai
für die königlichen Federmäntel:
ein gelber Flaumstreif an jedem Flügel, –
genannt der Honigsauger.

1886 –
Geburtsjahr gewisser Expressionisten,
ferner von Staatsrat Furtwängler,
Emigrant Kokoschka,
Generalfeldmarschall v. W. (†),

Kapitalverdoppelung
bei Schneider-Creuzot, Krupp-Stahl, Putiloff.

Welle der Nacht

Welle der Nacht – Meerwidder und Delphine
mit Hyakinthos' leichtbewegter Last,
die Lorbeerrosen und die Travertine
wehn um den leeren istrischen Palast,

Welle der Nacht – zwei Muscheln miterkoren,
die Fluten strömen sie, die Felsen her,
dann Diadem und Purpur mitverloren,
die weiße Perle rollt zurück ins Meer.

Ein Wort

Ein Wort, ein Satz –: aus Chiffren steigen
erkanntes Leben, jäher Sinn,
die Sonne steht, die Sphären schweigen
und alles ballt sich zu ihm hin.

Ein Wort – ein Glanz, ein Flug, ein Feuer,
ein Flammenwurf, ein Sternenstrich –
und wieder Dunkel, ungeheuer,
im leeren Raum um Welt und Ich.

Verlorenes Ich

Verlorenes Ich, zersprengt von Stratosphären,
Opfer des Ion –: Gamma-Strahlen-Lamm –
Teilchen und Feld –: Unendlichkeitschimären
auf deinem grauen Stein von Notre-Dame.

Die Tage gehn dir ohne Nacht und Morgen,
die Jahre halten ohne Schnee und Frucht
bedrohend das Unendliche verborgen –
die Welt als Flucht.

Wo endest du, wo lagerst du, wo breiten
sich deine Sphären an – Verlust, Gewinn –:
ein Spiel von Bestien: Ewigkeiten,
an ihren Gittern fliehst du hin.

Der Bestienblick: die Sterne als Kaldaunen,
der Dschungeltod als Seins- und Schöpfungsgrund,
Mensch, Völkerschlachten, Katalaunen
hinab den Bestienschlund.

Die Welt zerdacht. Und Raum und Zeiten
und was die Menschheit wob und wog,
Funktion nur von Unendlichkeiten –
die Mythe log.

Woher, wohin – nicht Nacht, nicht Morgen,
kein Evoë, kein Requiem,
du möchtest dir ein Stichwort borgen –
allein bei wem?

Ach, als sich alle einer Mitte neigten
und auch die Denker nur den Gott gedacht,
sie sich den Hirten und dem Lamm verzweigten,
wenn aus dem Kelch das Blut sie rein gemacht,

und alle rannen aus der einen Wunde,
brachen das Brot, das jeglicher genoß –
o ferne zwingende erfüllte Stunde,
die einst auch das verlorne Ich umschloß.

Monolog

Den Darm mit Rotz genährt, das Hirn mit Lügen –
erwählte Völker Narren eines Clowns,
in Späße, Sternelesen, Vogelzug
den eigenen Unrat deutend! Sklaven –
aus kalten Ländern und aus glühenden,
immer mehr Sklaven, ungezieferschwere,
hungernde, peitschenüberschwungene Haufen:
dann schwillt das Eigene an, der eigene Flaum,
der grindige, zum Barte des Propheten!

Ach, Alexander und Olympias Sproß
das wenigste! Sie zwinkern Hellesponte
und schäumen Asien! Aufgetriebenes, Blasen
mit Vorhut, Günstlingen, verdeckten Staffeln,
daß keiner sticht! Günstlinge: – gute Plätze
für Ring- und Rechtsgeschehn! Wenn keiner sticht!
Günstlinge, Lustvolk, Binden, breite Bänder –
mit breiten Bändern flattert Traum und Welt:
Klumpfüße sehn die Stadien zerstört,
Stinktiere treten die Lupinenfelder,
weil sie der Duft am eigenen irremacht:
nur Stoff vom After! – Fette
verfolgen die Gazelle,
die windeseilige, das schöne Tier!
Hier kehrt das Maß sich um:
die Pfütze prüft den Quell, der Wurm die Elle,
die Kröte spritzt dem Veilchen in den Mund
– Halleluja! – und wetzt den Bauch im Kies:
die Paddentrift als Mahnmal der Geschichte!
Die Ptolemäerspur als Gaunerzinke,

die Ratte kommt als Labsal gegen Pest.
Meuchel besingt den Mord. Spitzel locken
aus Psalmen Unzucht.

Und diese Erde lispelt mit dem Mond,
dann schürzt sie sich ein Maifest um die Hüfte,
dann läßt sie Rosen durch, dann schmort sie Korn,
läßt den Vesuv nicht spein, läßt nicht die Wolke
zu Lauge werden, die der Tiere Abart,
die dies erlistet, sticht und niederbrennt –
ach, dieser Erde Frucht- und Rosenspiel
ist heimgestellt der Wucherung des Bösen,
der Hirne Schwamm, der Kehle Lügensprenkeln
der obgenannten Art – die maßverkehrte!

Sterben heißt, dies alles ungelöst verlassen,
die Bilder ungesichert, die Träume
im Riß der Welten stehn und hungern lassen –
doch Handeln heißt, die Niedrigkeit bedienen,
der Schande Hilfe leihn, die Einsamkeit,
die große Lösung der Gesichte,
das Traumverlangen hinterhältig fällen
für Vorteil, Schmuck, Beförderungen, Nachruf,
indes das Ende, taumelnd wie ein Falter,
gleichgültig wie ein Sprengstück nahe ist
und anderen Sinn verkündet –

– Ein Klang, ein Bogen, fast ein Sprung aus Bläue
stieß eines Abends durch den Park hervor,
darin ich stand –: ein Lied,
ein Abriß nur, drei hingeworfene Noten
und füllte so den Raum und lud so sehr
die Nacht, den Garten mit Erscheinungen voll

und schuf die Welt und bettete den Nacken
mir in das Strömende, die trauervolle
erhabene Schwäche der Geburt des Seins –:
ein Klang, ein Bogen nur –: Geburt des Seins –
ein Bogen nur und trug das Maß zurück,
und alles schloß es ein: die Tat, die Träume …

Aus einem Kranz scharlachener Gehirne,
des Blüten der verstreuten Fiebersaat
sich einzeln halten, nur einander:
„unbeugsam in der Farbe“ und „ausgezähnt
am Saum das letzte Haar“, „gefeilt in Kälte“
zurufen, gesalzene Laken des Urstoffs:
hier geht Verwandlung aus! Der Tiere Abart
wird faulen, daß für sie das Wort Verwesung
zu sehr nach Himmeln riecht – schon streichen
die Geier an, die Falken hungern schon –!

Abschied

Du füllst mich an wie Blut die frische Wunde
und rinnst hernieder seine dunkle Spur,
du dehnst dich aus wie Nacht in jener Stunde,
da sich die Matte färbt zur Schattenflur,
du blühst wie Rosen schwer in Gärten allen,
du Einsamkeit aus Alter und Verlust,
du Überleben, wenn die Träume fallen,
zuviel gelitten und zuviel gewußt.

Entfremdet früh dem Wahn der Wirklichkeiten,
versagend sich der schnell gegebenen Welt,
ermüdet von dem Trug der Einzelheiten,
da keine sich dem tiefen Ich gesellt;
nun aus der Tiefe selbst, durch nichts zu rühren,
und die kein Wort und Zeichen je verrät,
mußt du dein Schweigen nehmen, Abwärtsführen
zu Nacht und Trauer und den Rosen spät.

Manchmal noch denkst du dich –: die eigene Sage –:
das warst du doch –? ach, wie du dich vergaßt!
war das dein Bild? war das nicht deine Frage,
dein Wort, dein Himmelslicht, das du besaßt?
Mein Wort, mein Himmelslicht, dereinst besessen,
mein Wort, mein Himmelslicht, zerstört, vertan –
wem das geschah, der muß sich wohl vergessen
und rührt nicht mehr die alten Stunden an.

Ein letzter Tag –: spätglühend, weite Räume,
ein Wasser führt dich zu entrücktem Ziel,
ein hohes Licht umströmt die alten Bäume
und schafft im Schatten sich ein Widerspiel,
von Früchten nichts, aus Ähren keine Krone
und auch nach Ernten hat er nicht gefragt –
er spielt sein Spiel, und fühlt sein Licht und ohne
Erinnern nieder – alles ist gesagt.

Die Form –

Die Form, die Formgebärde,
die sich ergab, die wir uns gaben –
du bist zwar Erde,
doch du mußt sie graben.

Du wirst nicht ernten,
wenn jene Saat ersteht
in den Entfernten,
dein Bild ist längst verweht.

Riefst den Verlorenen,
Tschandalas, Parias, du,
den Ungeborenen
ein Wort des Glaubens zu.

Statische Gedichte

Entwicklungsfremdheit
ist die Tiefe des Weisen,
Kinder und Kindeskinder
beunruhigen ihn nicht,
dringen nicht in ihn ein.

Richtungen vertreten,
Handeln,
Zu- und Abreisen
ist das Zeichen einer Welt,
die nicht klar sieht.
Vor meinem Fenster
– sagt der Weise –
liegt ein Tal,
darin sammeln sich die Schatten,
zwei Pappeln säumen einen Weg,
du weißt – wohin.

Perspektivismus
ist ein anderes Wort für seine Statik:
Linien anlegen,
sie weiterführen
nach Rankengesetz –
Ranken sprühen –,
auch Schwärme, Krähen,
auswerfen in Winterrot von Frühhimmeln,

dann sinken lassen –

du weißt – für wen.

Rosen

Wenn erst die Rosen verrinnen
aus Vasen oder vom Strauch
und ihr Entblättern beginnen,
fallen die Tränen auch.

Traum von der Stunden Dauer,
Wechsel und Wiederbeginn,
Traum – vor der Tiefe der Trauer:
blättern die Rosen hin.

Wahn von der Stunden Steigen
aller ins Auferstehn,
Wahn – vor dem Fallen, dem Schweigen:
wenn die Rosen vergehn.

Du übersiehst dich nicht mehr –

Du übersiehst dich nicht mehr?
Der Anfang ist vergessen,
die Mitte wie nie besessen,
und das Ende kommt schwer.

Was hängen nun die Girlanden,
was strömt nun das Klavier,
was zischen die Jazz und die Banden,
wenn alle Abende landen
so abgebrochen in dir?

Du könntest dich nochmals treiben
mit Rausch und Flammen und Flug,
du könntest –: das heißt, es bleiben
noch einige Töpferscheiben
und etwas Ton im Krug.

Doch du siehst im Ton nur die losen,
die Scherben, den Aschenflug –
ob Wein, ob Öl, ob Rosen,
ob Vase, Urne und Krug.

Ein Schatten an der Mauer

Ein Schatten an der Mauer
von Ästen, bewegt im Mittagswind,
das ist genügend Erde
und hinsichtlich des Auges
genügend Teilnahme
am Himmelsspiel.

Wie weit willst du noch gehn? Verwehre
doch neuen Eindrücken
den drängenden Charakter –

stumm liegen,
die eigenen Felder sehn,
das ganze Rittergut,
besonders lange
auf Mohn verweilen,
dem unvergeßlichen,
weil er den Sommer trug –

wo ist er hin –?

Fragmente

Fragmente,
Seelenauswürfe,
Blutgerinnsel des zwanzigsten Jahrhunderts –

Narben – gestörter Kreislauf der Schöpfungsfrühe,
die historischen Religionen von fünf Jahrhunderten
zertrümmert,

die Wissenschaft: Risse im Parthenon,
Planck rann mit seiner Quantentheorie
zu Kepler und Kierkegaard neu getrübt zusammen –

aber Abende gab es, die gingen in den Farben
des Allvaters, lockeren, weitwallenden,
unumstößlich in ihrem Schweigen
geströmten Blaus,
Farbe der Introvertierten,
da sammelte man sich
die Hände auf das Knie gestützt
bäuerlich, einfach
und stillem Trunk ergeben
bei den Harmonikas der Knechte –

und andere
gehetzt von inneren Konvoluten,
Wölbungsdrängen,
Stilbaukompressionen
oder Jagden nach Liebe.

Ausdruckskrisen und Anfälle von Erotik:
das ist der Mensch von heute,
das Innere ein Vakuum,
die Kontinuität der Persönlichkeit
wird gewahrt von den Anzügen,
die bei gutem Stoff zehn Jahre halten.

Der Rest Fragmente,
halbe Laute,
Melodienansätze aus Nachbarhäusern,
Negerspirituals
oder Ave Marias.

Denk der Vergeblichen

Wenn ein Verzweifeln
– der du doch große Stunden hattest
und sicher gingst und viele Beschenkungen
aus Rausch und Morgenröten und Wendungen,
unerwarteten,
dir pflegen konntest –
wenn ein Verzweifeln,
selbst mit Zerstörung und Endverglimmen
aus dem Unergründlichen
in seine Macht dich will:

denk der Vergeblichen,
die zarter Schläfe, inngewendeten Gesichts
in der Erinnerungen Treue,
die wenig Hoffnung ließen,
doch auch nach Blumen fragten
und still Verschwiegenes
mit einem Lächeln von wenig Ausdruck
in ihren kleinen Himmel hoben,
der bald verlöschen sollte.

Verhülle dich –

Verhülle dich mit Masken und mit Schminken,
auch blinzle wie gestörten Augenlichts,
laß nie erblicken, wie dein Sein, dein Sinken
sich abhebt von dem Rund des Angesichts.

Im letzten Licht, vorbei an trüben Gärten,
der Himmel ein Geröll aus Brand und Nacht –
verhülle dich, die Tränen und die Härten,
das Fleisch darf man nicht sehn, das dies vollbracht.

Die Spaltungen, den Riß, die Übergänge,
den Kern, wo die Zerstörung dir geschieht,
verhülle, tu, als ob die Ferngesänge
aus einer Gondel gehn, die jeder sieht.

Satzbau

Alle haben den Himmel, die Liebe und das Grab,
damit wollen wir uns nicht befassen,
das ist für den Kulturkreis besprochen und durchgearbeitet.
Was aber neu ist, ist die Frage nach dem Satzbau
und die ist dringend:
warum drücken wir etwas aus?

Warum reimen wir oder zeichnen ein Mädchen
direkt oder als Spiegelbild
oder stricheln auf eine Handbreit Büttenpapier
unzählige Pflanzen, Baumkronen, Mauern,
letztere als dicke Raupen mit Schildkrötenkopf
sich unheimlich niedrig hinziehend
in bestimmter Anordnung?

Überwältigend unbeantwortbar!
Honoraraussicht ist es nicht,
viele verhungern darüber. Nein,
es ist ein Antrieb in der Hand,
ferngesteuert, eine Gehirnlage,
vielleicht ein verspäteter Heilbringer oder Totemtier,
auf Kosten des Inhalts ein formaler Priapismus,
er wird vorübergehn,
aber heute ist der Satzbau
das Primäre.
„Die wenigen, die was davon erkannt" – (Goethe)
wovon eigentlich?
Ich nehme an: vom Satzbau.

Gladiolen

Ein Strauß Gladiolen
das ist bestimmt sehr schöpfungsdeutend,
fern von Blütengeweichel mit Fruchterhoffnung –:
langsam, haltbar, unirritiert,
großzügig, sicher der Königsträume.

Sonst die Natur- und Geisteswelt!
Dort die Wollherden:
Kleereste, mühselig, und daraus Schafsbröckel –
und hier die freundlichen Talente,
die Anna in den Mittelpunkt des Geschehens rücken,
sie läutern und einen Ausweg wissen!

Hier ist kein Ausweg:
Da sein – fallen –
nicht die Tage zählen –
Vollendung
schön, böse oder zerrissen.

Ideelles Weiterleben?

Bald
ein abgesägter, überholter
früh oder auch spät verstorbener Mann,
von dem man spricht wie von einer Sängerin
mit ausgesungenem Sopran
oder vom kleinen Hölty mit seinen paar Versen –
noch weniger: Durchschnitt,
nie geflogen,
keinen Borgward gefahren –
Zehnpfennigstücke für die Tram,
im Höchstfall Umsteiger.

Dabei ging täglich so viel bei dir durch
introvertiert, extrovertiert,
Nahrungssorgen, Ehewidrigkeit, Steuermoral –
mit allem mußtest du dich befassen,
ein gerüttelt Maß von Leben in mancherlei Gestalt.

Auf einer Karte aus Antibes,
die ich heute erhielt,
ragt eine Burg in die Méditerranée,
eine fanatische Sache:
südlich, meerisch, schneeig, am Rande hochgebirgig –
Jahrhunderte, dramatisiert,
ragen, ruhen, glänzen, firnen, strotzen
sich in die Aufnahme –

nichts von alledem bei dir,
keine Ingredienzien zu einer Ansichtskarte –
Zehnpfennigstücke für die Tram,
Umsteiger,
und schnell die obenerwähnte Wortprägung:
überholt.

Die Gitter

Die Gitter sind verkettet,
ja mehr: die Mauer ist zu –:
du hast dich zwar gerettet,
doch *wen* rettest du?

Drei Pappeln an einer Schleuse,
eine Möwe im Flug zum Meer,
das ist der Ebenen Weise,
da kamst du her,

dann streiftest du Haar und Häute
alljährlich windend ab
und zehrtest von Trank und Beute,
die dir ein anderer gab,

ein anderer – schweige – bitter
fängt diese Weise an –
du rettetest dich in Gitter,
die nichts mehr öffnen kann.

Wir ziehn einen großen Bogen –

Wir ziehn einen großen Bogen –
wie ist nun das Ende – wie?
Über die Berge gezogen
und vor allem die Monts Maudits.

Wir holen aus Cannes Mimosen
für eine Stunde her,
wir hängen an unsern Neurosen
sonst hätten wir gar nichts mehr.

Wir träumen von Sternenbahnen
und fleischgewordner Idee,
wir spielen alle Titanen
und weinen wie Niobe.

Das Ende, immer das Ende –
schon schießt ein anderer vor
und nennt sich Wächter und Wende,
Hellene – goldenes Tor.

Die Gräber, immer die Gräber –
bald werden auch die vergehn,
hier, sagt der Friedhofsgärtner,
können neue Kreuze stehn.

Wer altert, hat nichts zu glauben,
wer endet, sieht alles leer,
sieht keine heiligen Tauben
über dem Toten Mer.

Auch wir gingen aus, uns üben
zu Sprüchen und sanfter Tat,
doch es schleifte uns zum Trüben
und zu guter Herzen Verrat.

Wir ziehn einen großen Bogen
um wen, um was, um wie?
Um Wenden, um Wogen –
und dann die Monts Maudits.

Eine Hymne

Mit jener Eigenschaft der großen Puncher:
Schläge hinnehmen können
stehn,

Feuerwasser in der Kehle gurgeln
sub- und supraatomar
dem Rausch begegnet sein,
Sandalen
am Krater lassen wie Empedokles
und dann hinab,

nicht sagen: Wiederkehr
nicht denken: halb und halb,
Maulwurfshügel freigeben
wenn Zwerge sich vergrößern wollen,
allroundgetafelt bei sich selbst
unteilbar
und auch den Sieg verschenken können –

eine Hymne solchem Mann.

Schmerzliche Stunde

Das ist die schmerzliche Stunde,
da öffnet sich altes Leid:
ein Panorama die Runde
von Sinn- und Menschlichkeit.

Sie tragen rote Hüte
auch Trenchcoats mit Achselstück,
so wesen sie heute als Blüte
von Sein und Glück.

Sie haben volle Gesichter,
auch Lippen mit Rouge baiser,
wer wollte als Rächer und Richter
hier sagen: entschminke dich, geh?

Sie sind geschichtlich geworden,
sie tragen das Ur und das Gen,
wer weiß, ob höhere Orden
besser wie sie bestehn?

Das ist die schmerzliche Stunde,
was littest du nur so sehr,
erhieltest du etwa Kunde
von Nach-Tod, Treue und mehr?

Wirklichkeit

Eine Wirklichkeit ist nicht vonnöten,
ja es gibt sie gar nicht, wenn ein Mann
aus dem Urmotiv der Flairs und Flöten
seine Existenz beweisen kann.

Nicht Olympia oder Fleisch und Flieder
malte jener, welcher einst gemalt,
seine Trance, Kettenlieder
hatten ihn von innen angestrahlt.

Angekettet fuhr er die Galeere
tief im Schiffsbauch. Wasser sah er kaum.
Möwen, Sterne – nichts: aus eigener Schwere
unter Augenzwang entstand der Traum.

Als ihm graute, schuf er einen Fetisch,
als er litt, entstand die Pietà,
als er spielte, malte er den Teetisch,
doch es war kein Tee zum Trinken da.

Verzweiflung

I

Was du in Drogerien sprachst
beim Einkauf von Mitteln
oder mit deinem Schneider
außerhalb des Maßgeschäftlichen –
was für ein Nonsens diese Gesprächsfetzen,
warst du da etwa drin?

Morgens – noch etwas erschöpft
von den Aufstehmanipulationen –
leicht hingeplappert, um nicht gleich wieder hinauszugehn,
dies und jenes, Zeitgeschichtliches,
Grundsätzliches, alles durcheinander –
Grundsätzliches ist übrigens gut!
Wo sitzt das denn bei dir? Im Magen? Wie lange?
Was ist das überhaupt? Triebfonds, Hoffnungszement,
Wirtschaftskalkül –
jedenfalls etwas ungemein Prekäres!

Alles zusammengerechnet
aus Morgen- und Tagesstunden
in Zivil und Uniform
erbricht sich rückblickend vor Überflüssigkeit,
toten Lauten, Hohlechos
und Überhaupt-mit-nichts-Zusammensein –

oder beginnt hier die menschliche Gemeinschaft?

II

Alle die Verschlagenheiten,
das Grinsen ins Gesicht von jemandem,
den du dir erhalten willst,
aber auch nicht die Wahrheit über dich sagen,
nicht fühlen lassen das Rohe, das Schielen, den Verrat,
vor allem, weil du selber gar nicht weißt,
was Schielen und Verrat eigentlich ist,
dies ganze Gewebe aus List, Unzucht und Halbtränen –

Kürten – seinerzeit in Düsseldorf –
von sieben bis neun abends Lustmörder,
im übrigen Kegelbruder und Familienvater
war das nicht vollsinnig
und der Pithekanthropus erectus?

Kulturkreise hinten und vorn,
Morgen-, Mittag- und Abendländer,
Höhlenzeichnungen, dicke Madonnen.
Hermaphroditengeschlinge,
Sodomiterei als Rasensport –
alles hin und her und keiner sinnt es
bis zu den Göttern,
bis zu Ende.

Lächle, nimm duftende Seife,
eh du zu der Geliebten eilst
und vorm Rasieren einfetten,
das schönt die Haut.

III

Sprich zu dir selbst, dann sprichst du zu den Dingen
und von den Dingen, die so bitter sind,
ein anderes Gespräch wird nie gelingen,
den Tod trägt beides, beides endet blind.

Hier singt der Osten und hier trinkt der Westen,
aus offenen Früchten rinnt es und vom Schaft
der Palmen, Gummibäume und in Resten
träuft auch die Orchidee den Seltsamsaft.

Du überall, du allem nochmals offen,
die letzte Stunde und du steigst und steigst,
dann noch ein Lied, und wunderbar getroffen
sinkst du hinüber, weißt das Sein und schweigst.

Melancholie

Wenn man von Faltern liest, von Schilf und Immen,
daß sich darauf ein schöner Sommer wiegt,
dann fragt man sich, ob diese Glücke stimmen
und nicht dahinter eine Täuschung liegt,
und auch das Saitenspiel, von dem sie schreiben,
mit Schwirren, Dufthauch, flügelleichtem Kleid,
mit dem sie tun, als ob sie bleiben,
ist anderen Ohren eine Fraglichkeit;
ein künstliches, ein falches Potpourri –
untäuschbar bleibt der Seele Agonie.

Was ist der Mensch – die Nacht vielleicht geschlafen,
doch vom Rasieren wieder schon so müd,
noch eh ihn Post und Telefone trafen,
ist die Substanz schon leer und ausgeglüht,
ein höheres, ein allgemeines Wirken,
von dem man hört und manches Mal auch ahnt,
versagt sich vielen leiblichen Bezirken,
verfehlte Kräfte, tragisch angebahnt,
Man sage nicht, der Geist kann es erreichen,
er gibt nur manchmal kurzbelichtet Zeichen.

Nicht im entferntesten ist das zu deuten,
als ob der Schöpfer ohne Seele war,
er fragt nur nicht so einzeln nach den Leuten,
nach ihren Klagen, Krebsen, Haut und Haar,
er wob sie aus Verschiedenem zusammen,
das er auch noch für andere Sterne braucht,
er gab uns Mittel, selbst uns zu entflammen
– labil, stabil, labil – man träumt, man taucht;

Schon eine Pille nimmt dich auf den Arm
und macht das Trübe hell, das Kalte warm.

Du mußt aus deiner Gegend alles holen,
denn auch von Reisen kommst du leer zurück,
verläßt du dich, beginnen Kapriolen
und du verlierst dir Stück um Stück.
Von Blumen mußt du solche wählen,
die blühn am Zaun und halb im Acker schon,
die in das Zimmer tun, die Laute zählen
des Lebens Laute, seinen Ton;
vermindert oder große Terzen –
ein Kältliches verstarrt die Herzen.

Die Blumen so – dann zu Vergangenem
sich wendend oder Zukunft, wie sie wird,
da gehst du von Verschleiert zu Verhangenem,
einem Vielleicht zu einwandfrei Geirrt,
ein Hin und Her; Einmal versiegte Güsse
und Noah strahlt, die Arche streift auf Land
und einmal ist der Nil der Fluß der Flüsse,
Antonius küßt die braune, schmale Hand;
Die Ruriks, Anjous, Judas, Rasputin
und nur dein eigenes Heute ist nicht drin.

Tiere, die Perlen bilden, sind verschlossen,
sie liegen still und kennen nur die See;
An Land und Luft: Gekrönte und Profossen –
noch eine Herme mehr in der Allee;
nur Äon schweigt, er hält die Perlengabe,
wo alles fehlt und alles zielt,
der Äon träumt, der Äon ist ein Knabe,
der mit sich selbst auf einem Brette spielt:
noch eine Herme mehr – man lasse sie,
auch sie führt zum Gedicht: Melancholie.

Nur noch flüchtig alles

Nur noch flüchtig alles,
kein Orplid, keine Bleibe,
Gestalten, Ungestalten
abrupte
mit Verkürzung.

Serge Rubinstein
zwei Millionen Dollar
auf schmale, breite, strenge
zahnschöne, hell- und schmieräugige
Ladies, Stepgirls, Barvamps
umgelegt,
das Leukoplast über dem Rüssel,
als er erwürgt wurde,
auf Fingerabdrücke untersucht,
ergab keine Anhaltspunkte.

Nur noch flüchtig alles –
nun die Anden:
Ur, verrunzelt,
nichts für Geodäten,
a-nousisch
a-musisch
Randwelt
fortsehn –
gebt Steckrüben!
gebt Knollenhumus!

gebt Gottesliter,
Höllenyards,
gebt Rillen
einzuhalten,
aufzuhalten
einnisten möchte man schreien –
nichts –
gebt Rillen!

Nur noch flüchtig alles
Neuralgien morgens,
Halluzinationen abends
angelehnt an Trunk und Zigaretten

abgeschlossene Gene,
erstarrte Chromosomen,
noch etwas schwitzende Hüfte
bei Boogie-Woogie,
nach Heimkehr dann die Hose in den Bügel.

Wo schließt sich was,
wo leuchtet etwas ferne,
Kulturkreis:
Zahl Pi mit Seiltricks!

Menschen getroffen

Ich habe Menschen getroffen, die,
wenn man sie nach ihrem Namen fragte,
schüchtern – als ob sie gar nicht beanspruchen könnten,
auch noch eine Benennung zu haben –
„Fräulein Christian“ antworteten und dann:
„wie der Vorname“, sie wollten einem die Erfassung
erleichtern,
kein schwieriger Name wie „Popiol“ oder
„Babendererde“ –
„wie der Vorname“ – bitte, belasten Sie Ihr
Erinnerungsvermögen nicht!

Ich habe Menschen getroffen, die
mit Eltern und vier Geschwistern in einer Stube
aufwuchsen, nachts, die Finger in den Ohren,
am Küchenherde lernten,
hochkamen, äußerlich schön und ladylike wie
Gräfinnen –
und innerlich sanft und fleißig wie Nausikaa,
die reine Stirn der Engel trugen.

Ich habe mich oft gefragt und keine Antwort gefunden,
woher das Sanfte und das Gute kommt,
weiß es auch heute nicht und muß nun gehn.

Zwei Träume

Zwei Träume. Der erste fragte,
wie ist nun dein Gesicht:
was deine Lippe sagte
oder das schluchzend Gewagte
bei verdämmerndem Licht?

Der zweite sah dich klarer:
eine Rose oder Klee,
zart, süß – ein wunderbarer
uralter Weltenbewahrer
der Muschelformen der See.

Wird noch ein dritter kommen?
Der wäre von Trauer schwer:
Ein Traum der Muschel erglommen,
die Muschel von Fluten genommen
hin in ein anderes Meer.

Aprèslude

Tauchen mußt du können, mußt du lernen,
einmal ist es Glück und einmal Schmach,
gib nicht auf, du darfst dich nicht entfernen,
wenn der Stunde es an Licht gebrach.

Halten, Harren, einmal abgesunken,
einmal überströmt und einmal stumm,
seltsames Gesetz, es sind nicht Funken,
nicht alleine – sieh dich um:

Die Natur will ihre Kirschen machen,
selbst mit wenig Blüten im April
hält sie ihre Kernobstsachen
bis zu guten Jahren still.

Niemand weiß, wo sich die Keime nähren,
niemand, ob die Krone einmal blüht –
Halten, Harren, sich gewähren
Dunkeln, Altern, Aprèslude.

Nur zwei Dinge

Durch so viel Formen geschritten,
durch Ich und Wir und Du,
doch alles blieb erlitten
durch die ewige Frage: wozu?

Das ist eine Kinderfrage.
Dir wurde erst spät bewußt,
es gibt nur eines: ertrage
– ob Sinn, ob Sucht, ob Sage –
dein fernbestimmtes: Du mußt.

Ob Rosen, ob Schnee, ob Meere,
was alles erblühte, verblich,
es gibt nur zwei Dinge: die Leere
und das gezeichnete Ich.

Kann keine Trauer sein

In jenem kleinen Bett, fast Kinderbett, starb die Droste
(zu sehn in ihrem Museum in Meersburg),
auf diesem Sofa Hölderlin im Turm bei einem Schreiner.
Rilke, George wohl in Schweizer Hospitalbetten,
in Weimar lagen die großen schwarzen Augen
Nietzsches auf einem weißen Kissen
bis zum letzten Blick –
alles Gerümpel jetzt oder gar nicht mehr vorhanden,
unbestimmbar, wesenlos
im schmerzlos-ewigen Zerfall.

Wir tragen in uns Keime aller Götter,
das Gen des Todes und das Gen der Lust –
wer trennte sie: die Worte und die Dinge,
wer mischte sie: die Qualen und die Statt,
auf der sie enden, Holz mit Tränenbächen,
für kurze Stunden ein erbärmlich Heim.

Kann keine Trauer sein. Zu fern, zu weit,
zu unberührbar Bett und Tränen,
kein Nein, kein Ja,
Geburt und Körperschmerz und Glauben
ein Wallen, namenlos, ein Huschen,
ein Überirdisches, im Schlaf sich regend,
bewegte Bett und Tränen –
schlafe ein!

Nachwort

Im März 1912 veröffentlicht der Berliner Verleger Alfred Richard Meyer als Heft 21 der *Lyrischen Flugblätter* Gottfried Benns „Morgue und andere Gedichte". Übereinstimmend empört reagiert die etablierte Kritik; nur von wenigen Seiten kommt Zustimmung. Franz Pfemferts Zeitschrift „Die Aktion" öffnet der neuen Stimme ihre Spalten, von Ernst Stadler wird der unbekannte junge Dichter willkommen geheißen, von Else Lasker-Schüler wird er mit ekstatischen Worten begrüßt: „Jeder seiner Verse ist Leopardenbiß, ein Wildtiersprung. Der Knochen ist sein Griffel, mit dem er das Wort aufweckt."

Am 2. Mai 1886 wird Gottfried Benn in einem evangelischen Pfarrhaus in Mansfeld (Westpriegnitz) geboren. Seit 1896 besucht er das Friedrich-Gymnasium in Frankfurt/Oder, wo er mit Alfred Henschke, dem späteren Dichter Klabund, Freundschaft schließt. Nach dem Abitur im Jahre 1903 nimmt Benn das Studium der Theologie und Philologie in Marburg auf und setzt es 1904 in Berlin fort. Ein Jahr später entschließt er sich zum Fakultätswechsel und beginnt 1906 an der *Kaiser-Wilhelm-Akademie für militärärztliches Bildungswesen* in Berlin das Medizinstudium. Der junge Mann, der pflichtbewußt und mit Erfolg seinen Studien obliegt, der 1910 den ersten Preis der Medizinischen Fakultät der Universität Berlin erhält, hat seit 1910, ohne damit besonderes Aufsehen zu erregen, Gedichte veröffentlicht. Mit „Morgue" ist ihm der künstlerische Durchbruch gelungen, mit diesem Zyklus hat er die traditioneller Naturlyrik verhafteten Gedichte seines Anfangs überwunden. Benn resümiert nach zwanzig Jahren: „Schon diese erste Gedichtsammlung brachte mir von seiten der Öffentlichkeit den Ruf eines brüchigen Roués ein, eines infernalischen Snobs und des typischen ... Kaffeehausliteraten, während ich auf den Kartoffelfeldern der Uckermark die Regimentsübungen mitmarschierte und in Döberitz beim Stab des Divisionskommandeurs im englischen Trab über die Kiefernhügel setzte."

Als Militärarzt auf Grund eines Leidens ausgemustert, folgt eine kurze Zeit in der Psychiatrie, aus welcher Benn sich als ungeeignet zurückzieht; er arbeitet als Pathologe und Serologe in Berlin. Mit zunehmender literarischer Produktivität veröffentlicht er seit 1912 in „Die Aktion", mitunter auch in Herwarth Waldens „Der Sturm", wobei sich allmählich die Beziehung zur „Aktion" verstärkt; auch „Das neue Pathos" und „Die weißen Blätter" zählen ihn bis zum Ausbruch des ersten Weltkrieges zu den ständigen Mitarbeitern. Im *Aktions*-Kreis kommt Benn mit Franz Pfemfert, Carl Einstein, Paul Zech und Alfred Lichtenstein zusammen. Freundschaft verbindet ihn mit Else Lasker-Schüler.

Im Oktober 1913 erscheint – mit einer Widmung an die Lasker-Schüler – der zweite Gedichtband „Söhne", dessen Gedichte „D-Zug", „Café", „Kurkonzert", „Untergrundbahn", „Schnellzug", „Der junge Hebbel" zu den bemerkenswerten des Expressionismus gehören werden.

1914 fährt Benn für einige Monate als Schiffsarzt nach den USA. Im Juni kommt er aus New York zurück und wird im August als Militärarzt an die Westfront beordert. Im Oktober an das Militärgouvernement nach Brüssel versetzt, stationiert man ihn als Arzt an einem Prostituiertenkrankenhaus.

Zahlreiche Gedichte entstehen in jener Zeit, die in der „Aktion", im „Sturm", in „Pan" und in „Die weißen Blätter" veröffentlicht werden. In Brüssel schreibt Benn auch die sogenannten Rönne-Novellen, die 1916 unter dem Titel „Gehirne" in Kurt Wolffs Sammlung „Der jüngste Tag" erscheinen. Ein Jahr später veröffentlicht der Verlag „Die Aktion", als dritten Band der „Aktions-Lyrik", „Fleisch. Gesammelte Lyrik". Benn unterhält zahlreiche Kontakte zu deutschen Schriftstellern, die durch die Kriegsereignisse in Brüssel zusammengeweht werden, so mit Carl Einstein, Otto Flake, Wilhelm Hausenstein und Carl Sternheim.

Ende 1917 hat Benn eine Praxis als Spezialarzt für Haut- und Geschlechtskrankheiten in Berlin SW eröffnet. Zur wichtigen expressionistischen Anthologie „Menschheitsdämmerung", die Kurt Pinthus 1920 veranstaltet, steuert er neben acht Gedichten zwei autobiographische Sätze bei: „Geboren 1886 und aufgewachsen in Dörfern der Provinz Brandenburg. Belangloser Entwicklungsgang, belangloses Dasein als Arzt in Berlin." – In jener Zeit liegt die erste Phase seiner literarischen Entwicklung bereits hinter ihm. Schon in Brüssel hat sich ein Neubeginn angekündigt. Unter die expressionistische Periode ist ein kategorischer Strich gezogen. Das „neue" Bewußtsein bietet sich in Benns Resümee „Epilog und lyrisches Ich" ernüchternd dar: „... siebenunddreißig Jahre und total erledigt, ich schreibe nichts mehr – man müßte mit Spulwürmern schreiben und Koprolalien; ich lese nichts mehr – wen denn? die alten ehrlichen Titaniden mit dem Ikaridenflügel im Stullenpapier? ich denke keinen Gedanken mehr zu Ende ..."

Die geistige Situation Gottfried Benns, seine Negation der „Begriffswelt", seine Hinwendung zum Mythischen, wie er sie in dem Essay „Das moderne Ich" (1920) begründet, setzt Zeichen für einen deutlichen Wandel seines Weltbildes, für eine Abkehr von der ziellosen Protesthaltung der Frühzeit und für eine scharfe Konfrontation mit „Intellektualismus" und Zivilisationsgedanken, für eine direkte Absage an das „Zeitalter der Aufklärung", an das neunzehnte Jahrhundert der Ratio und der Entwicklungs-Idee. Sie kennzeichnen den Raum, in dem sich schließlich am Ende des Jahrzehnts seine vom Irrationalismus beförderte Faszination durch den Faschismus vorbereitet.

Vor allem die Schriften „Der neue Staat und die Intellektuellen“ (1933) und „Kunst und Macht“ (1934) sind es, in denen sich Benn mit der faschistischen Ideologie identifiziert und zum Apologeten des Regimes wird. Sie deuten retrospektiv das Ausmaß der geistigen Gefährdung des Dichters schon für das Ende der zwanziger Jahre an. Die Identifizierung mit dem NS-Regime stellt sich bei Benn allerdings niemals komplex dar. Und 1934 beginnt der Rückzug; wenigstens für seine Person begreift Benn immer deutlicher, daß er einem entsetzlichen Irrtum aufgesessen ist. Mancherlei Beschimpfungen und Drangsalierungen tun ein übriges, um ihn abzukühlen. Um den zunehmenden Schwierigkeiten auszuweichen, beginnt er eine Fluchtposition auszubauen. Er scheidet aus der Mitgliedschaft der „Deutschen Akademie der Dichtung“ aus und sucht, wie er es formuliert, die „aristokratische Form der Emigration“, indem er sich als Militärarzt reaktivieren läßt. Für mehrere Jahre verläßt Benn Berlin, um in Hannover, später wieder in Berlin und in Landsberg (a. d. Warthe) Dienst zu tun. Weitere Angriffe, besonders durch die NS-Presse („Das schwarze Korps“ und „Völkischer Beobachter“) folgen 1936, nach seinem fünfzigsten Geburtstag, und als Reflex auf einen im gleichen Jahr veröffentlichten Gedichtband. Ein Jahr später gelingt es Benn, sich nach Berlin, der für ihn wesentlichen Stadt, zurückversetzen zu lassen. Die Attacken gegen ihn nehmen ihren Fortgang; im Jahr 1938 wird er aus der „Reichsschrifttumskammer“ ausgeschlossen und endgültig mit Veröffentlichungsverbot belegt. Außer einem Privatdruck, „Zweiundzwanzig Gedichte“ (1943), hat Benn in jener Zeit keinen Band mehr zum Druck geben können.

Doch gerade diese Jahre sind reich an neuen Gedichten, an Prosastücken und Essays.

Mit Beginn des Jahres 1945 ist Benn wieder in Berlin ansässig; er eröffnet eine Praxis, die er bis zu seinem Tode betrieben hat. Mit der Veröffentlichung der „Statischen Gedichte" (1948), dem Prosaband „Der Ptolemäer" (1949), den Essays der „Ausdruckswelt" und anderem kehrt er in die literarische Arena zurück. Am 7. Juli 1956 stirbt Gottfried Benn in Westberlin. Der Ruhm hat ihn wenige Jahre vor seinem Tode eingeholt.

Das Exemplarische und das Besondere des Dichters Gottfried Benn ist nicht ohne die theoretische Komponente zu sehen, in deren Zeichen das Werk steht. Infragestellen der Welt hat schon der junge Benn bis zum Extrem getrieben. Die Zeichnung krasser Leidenssituation in seiner „Sektionslyrik" ist aber niemals nur ästhetisch fundiert, sie verharrt nicht in literarischer Attitüde. Sie entspringt der Konfrontation mit *Wirklichkeit*, die ihm bereits vor dem ersten Weltkrieg tief fragwürdig und ausweglos erscheint. Das Erlebnis des Krieges befördert die schon früher begonnene Anlehnung an Friedrich Nietzsche: „Denn was uns selbst angeht, unser Hintergrund war *Nietzsche*..."

Die Rönne-Prosa signalisiert Benns Negierung der herkömmlichen Begriffswelt. Dr. Rönne, eine Schlüssel- und Demonstrationsfigur, findet sich in einer von ihm als sinnlos und chaotisch erlebten Welt. Die Problematik der „Novellen" mit dem mühelos als Dr. Benn zu erkennenden Protagonisten Rönne indiziert Verbindung mit restaurativer Weltanschauung, die mit dem Eintritt Deutschlands ins imperialistische Zeitalter zu grassieren beginnt. Die seit 1919 zunehmend antihistorische, antizivilisatorische und antidemokratische Haltung Benns findet ihre Nahrung aber nicht nur in steter, sein Leben begleitender Auseinandersetzung mit dem Phänomen Nietzsche. Das Erlebnis des Krieges, seine Sicht der Nachkriegssituation bestätigt sich für ihn in Theorien wie der Kulturkreislehre Oswald Spenglers.

Die Vorgeschichte von Benns „Einmünden" in den Faschismus ist weit gefächert, und sie besitzt viele Seiten. Schlaglichtartig wird seine Position und die demokratische und sozialistische Gegenposition durch einen Streit erhellt, der 1929 in und um „Die neue Bücherschau" geführt wird und seine Fortsetzung in einer Rundfunkdiskussion zwischen Johannes R. Becher und Gottfried Benn findet. Es geht dabei um den Standort des Schriftstellers in der Kunst der Zeit. In der Auseinandersetzung zwischen Becher und Benn wird die gegensätzliche Rollenauffassung von Literatur klar erkennbar. In direkter Polemik gegen Becher, der seine schriftstellerische Arbeit in den Dienst der Arbeiterklasse und des Menschheitsfortschritts stellt, polemisiert Benn gegen das ihm sinnlos erscheinende Unterfangen, jemandem – und sei es der ausgepowerte Arbeiter – „helfen" zu wollen und helfen zu können:

„Soziale Bewegungen gab es doch von jeher. Die Armen wollten immer hoch und die Reichen nicht herunter. Schaurige Welt, kapitalistische Welt, seit Ägypten den Weihrauchhandel monopolisierte und babylonische Bankiers die Geldgeschäfte begannen … und immer die Gegenbewegungen: mal die Helotenhorden in den kyrenischen Gerbereien, mal die Sklavenkriege in der römischen Zeit, die Armen wollten hoch und die Reichen nicht herunter, schaurige Welt, aber nach drei Jahrtausenden Vorgang darf man sich wohl dem Gedanken nähern, dies sei alles weder gut noch böse, sondern rein phänomenal."

Die Ablehnung des Entwicklungsgedankens verstellt Benn merklich die Sicht auf das Gesellschaftswesen

Mensch. Wut und Verzweiflung, Benns oft schwer zu ergründender Haß auf die „kapitalistische Welt“ wirken in ihrer Intensität erstaunlich. Seine Attacke erweist sich aber schließlich eher als eine andere Form von heftiger Klage, von aggressiver Trauer über die „Nivellierung aller Werte“. Seine konservative Position des Bewahrenwollens „alter Bindungen“ agiert oft in der Pose des Rebellen und mit dem Pathos des antikapitalistischen Revoluzzers. Das von ihm attackierte „Leben“, das jede Substanz verloren habe, das sich in der Produktion und Reproduktion eines unschöpferischen Durchschnittsmenschen, des „Zivilisationstyps“, erschöpfe, erscheint ihm absolut sinnentleert. Der Verlust jedes „höheren“, metaphysischen, mythischen Gehalts im bürgerlichen Dasein gilt ihm als Sinn-Verlust des Lebens selbst: „Es ist ein Irrtum, anzunehmen, der Mensch habe noch einen Inhalt oder müsse einen haben. Der Mensch hat Nahrungssorgen, Familiensorgen, Fortkommenssorgen, Ehrgeiz, Neurosen, aber das ist kein Inhalt im metaphysischen Sinne mehr …“, sagt er in seinem Vortrag „Nietzsche – nach fünfzig Jahren“ (1950). Und dann übersteigert Benn vollends, wenn er feststellt: „Es ist überhaupt kein Mensch mehr da, nur noch seine Symptome.“

Der vehemente Hang Gottfried Benns zur Transzendenz, der sich mit antidemokratischen Tendenzen und Ressentiments vermischt, führt ihn zu genereller Ablehnung von *Geschichte* und *Wirklichkeit.* Der Weltekel des eigentlich nüchtern ansetzenden Analytikers Benn führt ihn als Feind des „Nihilismus“ zu immer neuem Evozieren des so empfundenen „Chaos“, des keiner höheren Ordnung mehr unterworfenen Daseins. Wenn auch modifiziert, kreist das Denken stets um den gleichen Pol: Es gibt keinen Sinn im Leben und in der Geschichte. Im nachgelassenen Essay

„Der Radardenker" heißt es resignierend: „Unsereins sucht überall Zusammenhänge, aber findet keine, auf der Jagd nach Einzelheiten verbringt man sein Leben." Diese Haltung mischt sich untrennbar mit Trauer und Melancholie, besonders angesichts der „Unbarmherzigkeit" von Natur, angesichts von „Gleichgültigkeit" in der Menschengesellschaft. Allenthalben stößt man in Benns Œvre auf den Zwiespalt eines großen dichterischen Ansatzes und Einsatzes einerseits und andererseits auf eine stets relevante, agnostisch tendierende Denkweise, eine zur realistischen Analyse untaugliche Weltauffassung.

Als Benn im Frühjahr 1935 aus bisherigen Bindungen sich löst, hinter Kasernenmauern sich bergen zu müssen glaubt, sogar Berlin für Jahre verläßt, liegt eine Zeit großer Wirrnis und Enttäuschung hinter ihm. Die ersten Monate nach dem faschistischen Machtantritt sind für ihn noch voll falscher Hoffnungen. Als die *Sektion für Dichtung der Preußischen Akademie der Künste*, deren ordentliches Mitglied er seit 1932 ist, einer „Selbstreinigung" unterzogen wird und ihre hervorragendsten künstlerischen Persönlichkeiten verstößt, bleibt nur eine kleine Anzahl der „alten" Mitglieder zurück. Auch Benn bleibt. Es ist die Zeit seiner Identifizierung mit dem Faschismus. Mit grundsätzlichen Schriften beteiligt er sich an Bekundungen für das neue Regime.

Am 24. Mai 1933 trägt Benn seine „Antwort an die literarischen Emigranten" im Rundfunk vor und reagiert damit auf einen an ihn gerichteten offenen Brief Klaus Manns aus Frankreich. In seinem Schreiben hatte Mann den Versuch unternommen, das komplizierte Phänomen eines auf die falsche Seite Geratenen auf eine Formel zu bringen. So sehr vereinfacht sie auf den ersten Blick erscheint, so entschieden die Argumente vom Adressaten zurückgewiesen werden, so folgerichtig stellt sich Klaus Manns Argumentation noch heute dar: „... In welcher Gesellschaft befinden Sie sich dort? Was konnte Sie dahin bringen, Ihren Namen, der uns der Inbegriff des höchsten Niveaus und einer geradezu fanatischen Reinheit gewesen ist, denen zur Verfügung zu stellen, deren Niveaulosigkeit absolut beispiellos in der europäischen Geschichte ist und von deren moralischer Unreinheit sich die Welt mit Abscheu abwendet? ... Wer versteht Sie denn dort? Wer hat denn dort nur Ohren für Ihre Sprache, deren radikales Pathos den Herren ... höchst befremdlich wenn nicht als der purste Kulturbolschewismus in den Ohren klingen dürfte? ..."

Klaus Mann kommt zum weltanschaulichen Kern der Sache, wenn er feststellt: „... Es scheint ja heute ein beinah zwangsläufiges Gesetz, daß eine zu starke Sympathie mit dem Irrationalen zur politischen Reaktion führt, wenn man nicht höllisch genau achtgibt. Erst die große Gebärde gegen die „Zivilisation" – eine Gebärde, die, wie ich weiß, den geistigen Menschen nur zu stark anzieht –; plötzlich ist man beim Kultus der Gewalt, und dann schon beim Adolf Hitler. –"

Die späte Erklärung Benns – aus dem Jahr 1950 – über die damalige „innere Bedrängnis, in der ich stand ... Ich glaubte an eine echte Erneuerung des deutschen Volkes, die einen Ausweg aus Rationalismus, Funktionalismus, zivilisatorischer Erstarrung finden würde", bestätigt die Schlußfolgerungen Klaus Manns nur noch. „Innere Bedrängnis" soll Benn nicht bestritten werden; in jenen ersten Monaten der braunen Herrschaft scheint sie als Haltung des Autors kaum zum Tragen gekommen zu sein. Jedenfalls wird das weder in der Akademie der Künste sichtbar, als seine Bedenklichkeit offensichtlich nicht ausreicht, um den drangsalierten Künstlerkollegen auch nur ein Quentchen Solidarität zu beweisen, noch angesichts der allgemeinen kulturellen „Gleichschaltung“, der barbarischen Bücherverbrennungen und Verbote, noch besonders angesichts des maßlosen physischen Terrors, der zu jener Zeit Deutschland überflutet. Gottfried Benn, der es schon in der Weimarer Republik weit von sich gewiesen hatte, Schriftsteller als „Lieferanten politischen Propagandamaterials“ (Max Herrmann-Neiße) zu akzeptieren, wird nun zeitweise zum Propagandisten der braunen Usurpatoren. Den in ihrer Existenz bedrohten Exilierten bestreitet er in dem erwähnten Radio-Vortrag nicht nur das Recht, im Namen Deutschlands aufzutreten, er spricht ihnen auch das Empfinden ab, „den ihnen so fremden Begriff des Volkes nicht gedanklich, sondern erlebnismäßig, nicht abstrakt, sondern in gedrungener Natur in sich wachsen zu fühlen ...“.

Wiederum erweist sich Geschichte als neuralgischer Begriff für Benn, an Hand dessen er seine Position abzustekken versucht. Er hält den Exilierten vor, sie begriffen „die Geschichte nicht weiter als den Kontoauszug ..., den Ihr bürgerliches Neunzehntes-Jahrhundert-Gehirn der Schöpfung präsentierte“, er erhebt den Vorwurf, sie übersähen ganz und gar die anthropologische Dimension der jüngsten Ereignisse.

Eines der frappierendsten Merkmale der Bennschen „Antwort“ ist zweifellos ihr Mangel an Humanität, ihre in der Berührung mit dem Regime sich hervorkehrende politische Substanzlosigkeit, die, an den braunen Fanatismus sich anlehnend, nicht davor zurückschreckt, NS-Tagesagitation zu rekapitulieren. Daß solche Versuche, das Regime zu umarmen, einer realen Einschätzung faschistischer Politik und Zielsetzung wie der Bestimmung der persönlichen Situation in keiner Weise entsprechen, muß Benn schmerzhaft erfahren. Spätestens im Sommer 1934 beginnen seine Ablösungsversuche vom Nazismus. Im Essay über den „Expressionismus“, entstanden im Herbst 1933, finden sich eingangs die Worte: „Das Maß an Interesse, das die Führung des neuen Deutschlands den Fragen der Kunst entgegenbringt, ist außerordentlich ..." In einem Brief an den Freund Friedrich Wilhelm Oelze heißt es am 24. 11. 1934: „Die Worte im Anfang des ‚Expressionismus' sind aus dem vorigen Jahr, als noch viel Glaube, Liebe, Hoffnung war, heute würde ich sie gewiß nicht schreiben. Heute würde ich schreiben: ‚Die Fresse von Caesaren und das Gehirn von Troglodyten' ..." – An den selben Adressaten formuliert Benn in einem Brief vom Mai 1936, mitten in den Auseinandersetzungen um die Angriffe der NS-Presse gegen seine Person: „... Den einen bekämpft man, weil er ostisch ist, den anderen, weil er mediterran ist, den dritten, weil er humanistisch ist, den vierten, weil er christlich ist – alles bekämpfen sie, bloß selber leisten, das können sie nicht. Ausmerzen, abtöten, niederhalten, diese Seite der Züchtung beherrschen sie, aber die andere: die Schöpfungskraft ahnend führen und erweitern, schweigend sie leiten, im Dunkel sie gebären lassen, das ist nicht sieghaft genug, unnordisch, davon ahnen sie nichts ..."

Ein Mitläufer der Nazis im einschichtigen Sinn, ein Karrierist, auf Posten und öffentliches Ansehen im „neuen Reich" spekulierend, ist Benn sicher nicht gewesen. Er „wurzelt" auch nicht „in dem gleichen Boden, in dem das erneuerte Deutschland in seinen letzten Tiefen wurzelt", wie ein bombastischer Klappentext aus den dreißiger Jahren ihn mit Haut und Haaren für das NS-Regime vereinnahmend feststellen zu können glaubt. Doch seine radikalistische Zivilisationskritik hat ihn in die gleiche Richtung und an das nämliche Tor geführt, hinter dem auch die Vernichtung alles Geistigen anhebt und vor dem er schließlich erschrocken haltmacht.

Der Rang des Bennschen Werkes – „trotz“ des vielfach gescholtenen *totalen Pessimismus* und „trotz“ einer Ideologie *ästhetischen Hochmuts* – erklärt sich wohl nicht allein aus poetisch geschickt arrangiertem „Krisenbewußtsein“. – Zunächst einmal scheint es nicht immer überzeugend, was von Kritikern des Dichters konstatiert wird, das lyrische Werk enthalte keine konkreten Sujets. Wenigstens der frühe Benn hat den konkreten Konzentrationspunkt menschlichen Leidens mit inbrünstiger Verzweiflung dargestellt. In der angesichts von Qual oft zynisch gebrochenen Gestalt „würdiger“ Worte wird Äußerstes an Leid, an physischer Verrottung und psychischer Belastung vorgeführt. Zu Beginn des dichterischen Aufbruchs, in den Bänden „Morgue“ und „Söhne“, findet sich, wenn auch ohne historische Komponente und ohne soziales Engagement, ein zielloser antikapitalistischer Protest, der, obwohl ihm deutlich das signifikante expressionistische „Menschheitspathos“ fehlt, bei seinem Auftreten doch starken Eindruck hinterläßt. In Carl Sternheims „Kampf der Metapher“ (1918) lesen wir: „Einer der wenigen, die bei des Nachwuchses Musterung ich tauglich fand, morsche Vorstellungen aus Fesseln zu lösen, ihr Essentielles auf heutige Lebensfähigkeit zu prüfen und sogar neue Weltatmosphäre hinzuzugewinnen, sei früh genug genannt, daß die Interessierten schon jetzt auf fernerem Lebensweg ihn begleiten können: Gottfried Benn. Zwei schmale Hefte liegen gedruckt von ihm vor: ‚Fleisch‘, Verse, und ‚Gehirne‘, Prosastücke. Im Verlag der ‚Aktion‘ jenes, dies bei K. Wolff. In ihnen wird seit Ernst Stadlers Versen zum erstenmal Menschliches in deutscher Sprache wieder vorwärts gestoßen. Benn ist der wahrhaft Aufständische. Aus den Atomen heraus, nicht an der Oberfläche revoltiert er; erschüttert Begriffe von innen her, daß Sprache wankt und Bürger platt auf Bauch und Nase liegen.“

Stets hat sich Benn zur expressionistischen „Generation" bekannt, sogar in der für ihn schwierigen Situation bald nach der faschistischen Machtergreifung. In seinem politisch durchaus zwiespältigen Essay „Expressionismus" von 1933 bekennt er sich ausdrücklich zu diesem wichtigen literarischen Strom und beharrt darauf, sich „psychologisch in seinem Reich zu bewegen und seine Methode ... als mir eingeboren zu empfinden ...". Das kann nicht bedeuten, daß Benn damit auch solche Grundpositionen des Expressionismus wie gesellschaftliches Engagement und Suche nach neuer Gemeinschaft akzeptieren will. Dennoch ist er mit einem gewichtigen Teil seines Werkes jener Entwicklung verhaftet. Auch er bricht mit lyrischen Konventionen, auch er predigt den Aufstand der Söhne gegen die Väter und gegen die bürgerliche Idylle. Mit glänzender Nonchalance und in grimmigem Ton provoziert er mittels Instrumenten aus dem Arsenal des Expressionismus. Er inszeniert die Welt der Kranken, des Irreseins, der Huren und Zuhälter, der Kriminellen und anderer Außenseiter der Gesellschaft. Er leistet Besonderes. Sein Erlebnis-Reservoir ist reicher gefüllt, und sein Sprachmaterial ist prägnanter als das so manches Mitstreiters. Er setzt satirische und ironische Mittel ein, ohne daß sie in systematische Gesellschaftskritik oder gar in revolutionäre Tendenz einmündeten.

Die „Sektionslyrik" von „Morgue", deren klinische Kühle, deren „wie unbeteiligte Sachlichkeit" (Stadler) Erschütterung und Verzweiflung dennoch nicht verhehlt, wird schon im Band „Fleisch" von 1917 in der „weltanschaulichen" Überhöhung physischen Verfalls zu einer Negation des „Menschheitsaufbruchs" geführt. Es kommt gleichsam zur Absage an Hoffnung und Zukunft für den „abendländischen Menschen". Die Verneinung des „utilitaristischen" Denkens trifft – im Essay wie im Gedicht jener Jahre –

Vergangenheit und Gegenwart, bürgerlichen Fortschrittsglauben wie soziale Utopie; sie wendet sich bereits gegen sozialistische Gesellschaftsvorstellung.

Zu Beginn der zwanziger Jahre geht Benn zunehmend auf die Positionen einer melodisch-melancholischen Klage über, zur Feier eines rauschhaft-irrationalen Bewußtseinszustandes, des monoman monologisierenden Ich. „Die Krone der Schöpfung, das Schwein, der Mensch ...“ – diese bis in die Diktion von Nietzsche beeindruckte Haltung des jungen Dichters wird vom Beginn des zweiten Jahrzehnts durch Hinwendung zu Rausch und Mythe ersetzt. Traumlande tauchen auf, „südliches Wort“, mittelmeerische Welt werden beschworen, Vorzeit wird erinnert. Sehnsucht nach dem Zustand des Urahns, nach der Herrschaft des Totems, des „Schleims“, der „Monade“ wird evoziert. Umrisse eines Plateaus werden erkennbar, dessen „Harmonie“ im Zeitalter der Erkenntnis und des Entwicklungsgedankens „zerstört“ wurde.

Der *Einschnitt*, die *Wende* wird von Benn schon für die Brüsseler Zeit fixiert: „... das Leben schwang in einer Sphäre von Schweigen und Verlorenheit, ich lebte am Rande, wo das Dasein fällt und das Ich beginnt ...“ Ein grundsätzlich veränderndes Erlebnis deutet sich an. Carl Einstein hat den Übergang so beschrieben: „Die frühen Gedichte Benns weisen noch dualistische Außenmotive, doch deren Wirkung ist entsetzte Flucht. Es folgen Gedichte des Sichwegschlafens, der Betäubung, Gedichte einer schmerzhaften Katharsis. Zeitlich mögen dann einige Hymnen der Liebe folgen. Dann wird alles nach außen gestellte Du selten. Nun beginnen die Hymnen vom Selbst. Anrufung des Alleinseienden an die eigene Seele tönt auf, man endet in autistischer Beschwörung ...“

Die Welt erscheint sinnlos; nur noch Einzelheiten vermag der Dichter wahrzunehmen. Allenthalben stößt er auf die „Vergreisung“ von Zivilisation, mit Nietzsche stellt er die Nivellierung aller höheren Werte fest. So sehr Benn gegen den „Nihilismus“ Sturm läuft, so sehr lebt er in diesem Gefühl, macht er sich zur dichterischen Stimme der „Inhaltlosigkeit“ menschlichen Daseins. Aus der „Sinnlosigkeit“ der Gegenwart flieht er in die von ihm romantisierte Vorzeit des Menschen. Seine Gedichte gedeihen zum Amalgam aus Traum, Beschwörung, Mythe, anthropologischem Material und „Rückerinnerung“ durch Imagination.

Diese Poesie brillant formulierten Weltekels ist weitgehend restaurativem Denken verpflichtet. Darüber vermag kein noch so wegwerfender Gestus antikapitalistisch sich gebärdender „Kritik“ hinwegzutäuschen. Realitätsflucht charakterisiert die Dichtung. Benns Ablehnung von Geschichte, von Ratio, von „utilitaristischer“ Wissenschaft wird durch seinen Hang zur Transzendenz entschieden befördert. Aufklärung und Wissenschaft brachten nach Benn nichts als Verfall, Zerstörung, Sinnlosigkeit des Daseins.

Diese im Sinne Nietzsches regressive Kulturkritik, die im weiteren durch Gedanken von Dacqué, Frobenius, Klages und Spengler aufgeladen wird, findet auch in den Gedichten prägnanten Ausdruck. Die Klage, „ein armer Hirnhund“ zu sein, „der Stirn so satt“, deutet den Hang zur Transzendenz und die Wendung gegen Rationalismus zeitig an. Seiner „Apotheose des Nichts“ entspricht Benns verzweifelte Konstatierung der Sinnlosigkeit und Leere der Welt.

Die „Schöpferische Konfession“ von 1920 zielt bereits auf das Wesen dieser Dichtung: „Mich sensationiert eben das Wort ohne jede Rücksicht auf seinen beschreibenden Charakter rein als assoziatives Motiv, und dann empfinde ich ganz gegenständlich seine Eigenschaft des logischen Begriffs als den Querschnitt durch kondensierte Katastrophen. Und da ich nie Personen sehe, sondern immer nur das Ich, und nie Geschehnisse, sondern immer nur das Dasein, da ich keine Kunst kenne und keinen Glauben, keine Wissenschaft und keine Mythe, sondern immer nur die *Bewußtheit,* ewig sinnlos, ewig qualbestürmt – so ist es im Grunde diese, gegen die ich mich wehre, mit der südlichen Zermalmung, und sie, die ich abzuleiten trachte in ligurische Komplexe bis zur Überhöhung oder bis zum Verlöschen im Außersich des Rausches oder des Vergehens."

Die Wendung zu mittelmeerischer Welt, zu antiker Mythe, das Registrieren des „ewig gleichen Verfalls" geschieht nun im beruhigten Tonfall eines, der sich mit der „Melancholie des Nichts" abfindet. Das „späte Ich" Benns erlebt die „Glücke des Namenlos" zwar als „Chaos", aber anstelle des früheren Selbsthasses tritt nun weiches Einverständnis mit Verzicht, Identifizierung mit „der Zeiten und Zonen leerer Melancholie". Das Bekenntnis zur Sinn-Losigkeit des Daseins, nicht mehr das Wüten dagegen, charakterisiert das Melos des Bennschen Gedichts. Das Einverständnis mit dem Bewußtsein vom „Ende", Passivität gegenüber der Provokation durch das „Nichts" kennzeichnet schon die Gedichte der zwanziger Jahre. Dem Künstler bleibt lediglich das Einverständnis mit dem Vorgefundenen, mit dem „Finalzustand" der Welt, dem er dichterischen Ausdruck zu verleihen hat.

Seit den dreißiger Jahren und in den vierziger Jahren, vor allem in den „Statischen Gedichten", wird sichtbar, daß Benns „tragisches" Bewußtsein als das „absolute Ich" dichterische Gestalt annimmt. „Das von Benn ‚vertretene Reich' ist das ‚des Gegenglücks, des Geistes'", sagt Alfred Andersch. „Eigentümlich ist aber, daß trotzdem keine reine Gedankenlyrik entsteht, sondern etwas Höheres: eine Art

Wort-Magie, die nicht weiter erklärt werden kann. Alle diese Gedichte beherrscht ein tiefer Leidenszug und das Gefühl einsamer, resignativer Größe ..." – Fern von sozialer Bezüglichkeit, fern vom frühen Reflex konkreten Leidens wird müde, resignierte Kälte, sterbende Schönheit in einer von Untergängen erfüllten Welt zelebriert. Monologische Ich-Besessenheit, Fatalismus und beharrliche Agnostik bestimmen den dichterischen Impetus. „Statik also heißt Rückzug auf Maß und Form", sagt Benn, „es heißt natürlich auch ein gewisser Zweifel an Entwicklung, und es heißt auch Resignation ..."

Eine Dichtung, die sich entschieden der Wortmagie bedient – „die Dinge mystisch bannen durch das Wort" –, eine Dichtung, die als Ausdruck der „Autonomität" der Kunst gesehen werden will, wird nicht mit herkömmlichen Mitteln angestrebt. Die Beschwörungsformeln und Worthäufungen des Bennschen Gedichts zielen in ihrer unbegrenzten Subjektivität nicht auf Sinnzusammenhang. Eher geht es Benn um eine „musikalische" Komponente, das Herstellen eines „Tons" im Gedicht. Als Ausdruck von Entfremdung, als Nebeneinander des Unvereinbaren läßt der Autor den Beziehungsreichtum des Textes spielen, meidet er Eindeutigkeit und das Ausführen von Bildern. Die Kunst der Bennschen Anspielung, des beziehungsreichen Andeutens eröffnet ein weites Feld der Identifizierung zwischen Lust und Trauer, Trance und Luzidität.

„Sinnlose Existenzen" werden als ewige Wiederkehr des „Bagno" gezeichnet. Angesichts dessen wird wieder und wieder die Frage nach dem Wozu, nach dem Sinn artikuliert. Trauer über eine götterlose Welt findet ihre Entsprechung im „tragischen" Ich-Bewußtsein des Dichters, dem erst spät die „relativierende" Einführung eines „schöpferischen Geistes" begegnet. In der einzigen Funktion, formal bändigend zu wirken, wird er inauguriert. Das späte Bekenntnis zur *Form* als Sinn einer poetischen Konfession, als Gegengewicht zum *Chaos*, gibt zugleich die Möglichkeit des Einverständnisses mit dem „Finalzustand" der (kapitalistischen) Welt.

Das Wortmaterial des Bennschen Gedichts – medizinischer Bericht, naturwissenschaftlich-philosophisches Vokabular, griechische Mythe, versetzt mit Argot, Modewort und Neologismen – wird kontrastierend, auch parodistisch, montiert und steigert sich zu perfekt kalkulierter Wortmagie. Assoziativ und alogisch unterbrechend, provokant und melancholisch reiht sich im Gedicht der Überfall durch Sprache. Die Zeichnung der Apokalypse der Anatomie wie das spätere Zelebrieren des Rausches und der Trauer – in klassischem Formenkanon und in artistischer Bemühung – erzielt in der Montagekunst des Dichters, im funkelnden und oszillierenden Nebeneinander des Heterogenen, eine euphorisch-kalte Spannung. Der Autor bleibt in diesem Spannungsfeld immer Gefangener der Resignation, von der *Wirklichkeit* weitgehend isoliert durch einen philosophisch grundierten Nihilismus. Dabei gelingen ihm souveräne Mischungen, die seinen lyrischen Gestus zu formal vollkommenen Gebilden kristallisieren lassen, und in denen auch, ausgehend von Entfremdungskritik, Sehnsucht nach menschlicher Größe aufkeimt.

Der Glanz seines elitären Ästhetizismus verschafft dem Namen Benn in den fünfziger Jahren auf eine Weise Geltung, die das Exemplarische so manchen Gedichts und Prosatextes in den Sog von Modetrends und provoziertem Tagesbeifall geraten lassen. Dieses späte Echo, der verspätete Erfolg des Autors, kommt nicht von ungefähr. Der Suggestion durch die Sprachmagie Benns erliegen ratlose Intellektuelle und junge Dichter um so eher, als sie vor allem im

Bennschen Spätwerk *Sinn*-Gebung und künstlerisch formal überzeugende Realisierung ihrer Existenznöte erblicken zu können glauben. Die Fortune des alten Benn ist nicht ohne den politisch-kulturpolitischen Hintergrund restaurativer Nachkriegsentwicklung in der Bundesrepublik erklärlich. Vor allem die Würdigung des Agnostischen und Isolationistischen im Bennschen Werk, das Hervorheben des Elitären und Ästhetizistischen in seiner Dichtung geschieht im Rahmen einer zeitweiligen Konsolidierung der spätbürgerlichen Gesellschaft. Benn wird von konservativer Kulturkritik ostentativ, mit deutlicher Konfrontation zum sozialistischen Gesellschaftsideal und zu realistischer Literatur, als *der große alte Mann*, als *der größte zeitgenössische deutsche Dichter* stilisiert. Nur auf dieser Ebene erklärt sich der zum Teil spektakuläre Beifall gegenüber einem anspruchsvollen und nicht eben leicht zugänglichen Werk.

In seinem Essay „Probleme der Lyrik“ von 1951 hat der Dichter ein entschiedenes Plädoyer für den Begriff der *Artistik* gehalten, als „Versuch der Kunst, innerhalb des allgemeinen Verfalls der Inhalte sich selber als Inhalt zu erleben und aus diesem Erlebnis einen neuen Stil zu bilden, es ist der Versuch, gegen den allgemeinen Nihilismus der Werte eine neue Transzendenz zu setzen: die Transzendenz der schöpferischen Lust“.

Der schließliche und ausdrückliche Verzicht auf „Inhalte“ im Gedicht, auf stoffliche Reflexe zu Geschichte und Gegenwart korrespondiert bei Benn aufs engste mit Weltflucht. Wiederholt bekennt er sich zum monologischen Gedicht, das für ihn in einer „erbarmungslosen Leere“ entsteht, da, wo es „kalt, tiefblau“ ist, „und das Menschliche zählt nicht dazu“. Für ihn ist das „moderne Gedicht, das absolute Gedicht … das Gedicht ohne Glauben, das Gedicht ohne Hoffnung, das Gedicht an niemanden gerichtet …“ –

In der schroffen Absage an jedes Engagement und jeglichen Adressaten von Dichtung hat Gottfried Benn seine Konfession von einer *dauerhaften, reinen,* sich selbst genügenden Dichtung zu forciertem Anspruch gebracht. Die Flucht des Dichters aus Ratlosigkeit, Verzweiflung und Leere führt auf eiskalte Höhen absoluter Poesie: „Im Grunde also meine ich, es gibt keinen anderen Gegenstand für die Lyrik als den Lyriker selbst.“

In der dichterischen Praxis verhält sich Benn allerdings zur nahezu solipsistisch geprägten Programmerklärung keineswegs immer deckungsgleich. Selbst in den späten Lyrikbänden gibt es, vor dem Hintergrund von „Wiederholungszwängen“ und partiell erkennbarer Erschlaffung der poetischen Innovation, wesentliche Gedichte. Trotz der sich bis zum Überdruß einer wegwerfenden Gebärde bedienenden Verse zeigt sich eine Intaktheit des lyrischen Spannungsfeldes, die noch immer zu großem poetischem Blick befähigt und dichterische Gebilde von Vollendung ermöglicht.

Bei Gottfried Benn, im komplizierten Fall dieses Dichterlebens, seiner literarischen Leistung, seiner geistigen Berührungen und Verführungen, kann eine einfache Formel für eine der Weltanschauung des Autors entsprechende dichterische Aussage nicht konstatiert werden. Seine geistige Welt läßt sich nicht schlechthin als geschlossenes reaktionäres System identifizieren, als dessen Kehrseite seine Dichtung fungiert. Sein Werk war und ist umstrittener Bestandteil der deutschen Literatur der ersten Hälfte des zwanzigsten Jahrhunderts. Vergessen sei über den Einseitigkeiten, den Irrwegen und über dem Versagen Benns nicht der bedeutende Dichter, der – und sei es im fruchtbaren Widerspruch – gelesen werden möchte. Die Auseinandersetzung mit Gottfried Benn, zu der an dieser Stelle nur ein bescheidener Beitrag geleistet werden kann, wird sich im kritischen Respekt vor einem lyrischen Werk fortsetzen, das Anstoß erregt und Anstöße zu geben vermag.

Berlin, im Mai 1984 Joachim Schreck

Inhalt